Inhaltsverzeichnis

Matthias

Es ist Freitag, Freitagabend. Normalerweise gehe ich abends mit den Kumpels noch ein Bier trinken. Aber seit dem ich mir überlegt habe, mich doch noch einmal einer geistigen Herausforderung zu stellen, hat sich doch einiges in meinem Umfeld geändert.

Vor zwanzig Jahren habe ich in Schweinfurt Maschinenbau studiert. Meinen für mich mäßigen Abschluss kann ich darin begründen, dass ich als Student gelebt habe, gut gelebt habe. Wir waren zufrieden nach den Prüfungen, wo Aufwand und Nutzen im rechten Gleichgewicht waren. In den Strümpfen Löcher und im Kopf neue Ideen. Alles passte. Die Diplomarbeit erwies sich doch „recht zäh", weil die ewigen Messreihen kein Ende nehmen wollten. Entsprechend kam die Auswertung auch schwer in Gang. Mein Professor wirkte nach der letzten Konsultation etwas künstlich verwundert, wohl weil die erwarteten Auswertungen der Ergebnisse nicht den weltumgreifenden Neuerungen ähnelten, sondern lediglich den Erwartungen entsprachen. Im abschließenden Kolloquium berichtete ich, warum die geringen Abweichungen von den Standards bei diesem untersuchten Material normal wären. Das Material könne man sozusagen ohne Bedenken in der Automobilindustrie verwenden, wo es den dauerhaften Belastungen standhalten sollte. Das Auditorium war am

Ende doch recht überzeugt von den Ergebnissen und entließ mich aus dem Studium mit einem „Gut".

Aber wie es auch war. Zwischen den Semestern arbeitete ich bei Karl Zösel in Zwiga. Es war eine kleine Firma, drei Mitarbeiter, außerhalb der Stadt im Gewerbegebiet. Frau Müller, Zösels Sekretärin, eine kleine Hübsche, die sich immer freute, wenn ich im Büro vorbei kam. Es war schon fast ein familiäres Verhältnis. Karl Zösel hatte ein Metallprüf-Unternehmen mit allerhand Kunden aus der näheren und weiterer Region, die ihre metallischen Erzeugnisse auf die rechte Qualität überprüfen ließen. Ob Schrauben oder Unterlegscheiben –

alles wurde durch das Mikroskop oder die Lupe geprüft und bei einem Fehlschliff entsprechend ausgesondert. Wichtig war, wenn die Teile einmal eingebaut waren, dass sie danach metall-lebenslang hielten. Für diese Garantie gab Zösel Zertifikate aus. Jeder Auftrag wurde ordnungsgemäß dokumentiert und man konnte immer nachverfolgen, wer wann welche Teile untersucht hat und wie der Prüfbefund aussah. Das verlieh Zösel Anerkennung. Und immer, wenn er einen neuen Auftrag hatte oder einer seiner Mitarbeiter krank oder im Urlaub war, rief er mich an, ob ich denn mithelfen könne.

Natürlich half ich gern, denn er zahlte bar und ich bekam weiterhin mein Bafög.

Nach meinem guten Abschluss bewarb ich mich vor zwanzig Jahren bei einigen Firmen, obwohl mich Karl Zösel gerne eingestellt hätte. Doch jetzt wusste ich, dass man einem Diplom-Ingenieur mehr zahlt, als nur dreihundert Deutsche Markt für zwei Wochen mikroskopische Untersuchungen und viele Protokolle.

Eine große automobilherstellende Firma stellte mich ein. Jung, voller Ideen, nicht nur mehr Messreihen, sondern innovative Weiterentwicklungen von korrosionsresistenten Bauteilen waren mein Anliegen. Und ich hielt mich wacker. Nach anfänglichen drei Schichten erhob man mich zum leitenden Ingenieur der Versuchsabteilung in den Normalschichtbetrieb.

Frau Müller vom Zösel besuchte ich immer noch und heute sind wir fast achtzehn Jahre verheiratet und haben zwei fast erwachsene Kinder. Vielleicht wollen die beiden auch mal studieren. Und wenn beide auch so „ökonomisch" lernen und studieren wie ich, dann wird es ja noch richtig lustig werden. Gerade überlege ich, ob ich denn auch noch Vorbild bin, ob ich denn helfen kann – beim anstehenden Abi, bèi der Berufsausbildung und vielleicht beim Studium. Bin ich nicht schon eine Weile aus dem Studiengeschehen raus? Kann ich überhaupt noch geistig mithalten? Oder ist mein Wissen schon verjährt und veraltet?

Es kribbelt in mir und ich überlege, was ich tun könne. Noch bin ich nicht zu alt, um etwas zu lernen. Nicht nur wegen der Kinder, auch wegen mir, dem Unternehmen und dem Job.

Jeder spricht in der heutigen Zeit von der Wirtschaft und fast jeder regt sich auf, dass nicht alles wirtschaftlich sei. Abends im Fernsehen zeigt man die Werbung, wo Menschen glücklich sind und Abschlüsse bekommen, die ihnen ihre Zukunft absichern sollen. Sicher hätte ich auch gerne mal wieder eine neue geistige Herausforderung. Mein Chef ist zwar zufrieden mit mir, aber die Entwicklungen in der Wirtschaft eilen voraus und es wird erwartet, dass man mithält. Das erfordert einen lebenslangen Lernprozess, den man, sofern man sich diesen Herausforderungen stellen will, nicht umgehen kann. Ich will mich nicht bis zur Rente mit dem zufrieden geben, wie es jetzt ist. Es wurmt mich, nicht mitreden zu können über Kostenträgerrechnungen und ERP-Modelle.

Ich suche etwas, weiß nur noch nicht so richtig was. Irgendeine Weiterbildung. Sogar mein Chef meint ab und zu, dass er das neumodische Zeug nicht immer versteht. Aber er muss es ja auch nicht verstehen, dafür hat er seine Mitarbeiter. Er hat mich als seine rechte Hand. Das ist schon ein Grund, doch einmal mehr über Weiterbildung nachzudenken.

Ich suche etwas, was mich als Ingenieur dem kaufmännischen Verständnis näher bringt und einen qualitativ hohen Anspruch hat. Mein Gehirn sagt seinen Zustand an – es wäre langsam eine Dürrpflaume, die man einlegen müsste. In Alkohol oder in Wissen? Ich entscheide mich für Letzteres.

Nach meinen samstäglichen Joggingrunden mit dem Hund gehe ich, wie immer, zum Bäcker und bringe Brötchen für unser gemeinsames Frühstück mit. Meine Frau hat schon alles vorbereitet, die Kinder schlafen noch - welch ein Segen. Es ist ruhig in der

Küche, nur der Wasserkocher gibt noch ein abschließendes Stöhnen von sich. Wir warten auf das kochende Wasser und ich schlage die Lokalzeitschrift auf. Beim Durchblättern und dem Zubereiten des Tees lese ich, dass eine Hochschule im nahe gelegenen Sachsen einen Aufbaustudiengang Wirtschaftsingenieurwesen anbietet. Die Anzeige weckt mein Interesse und ich denke, warum eigentlich nicht?

Lange überlege ich, ob ich meiner Frau davon erzählen sollte und schneide erst einmal diskret die Anzeige aus, bevor die Zeitung im Papiercontainer landet.

Meine Frau ist nach dem Frühstück mit der Wäsche beschäftigt und die Kinder sind rüber zu unseren Nachbarn gegangen. Allein mit mir und meinen Wünschen nach geistiger Befruchtung meines Gehirnes und dem nicht laut geäußerten Wunsch meines Chefs, greife ich zum Telefon. Samstag gegen elf Uhr. Es klingelt kurz und eine freundliche Frauenstimme fragt, wie sie mir denn helfen könne. Hier wäre die Hochschule in Sachsen. Eigentlich habe ich einen Anrufbeantworter erwartet und bin verblüfft, dass sich jemand persönlich meldet. Mit Herzklopfen erzähle ich der sympathischen Stimme, was ich heute in der Zeitung gelesen habe. Etwas unsicher vor meiner eigenen Courage wusste ich zu diesem Zeitpunkt nicht, dass ihre Informationen mein derzeitiges Leben verändern sollten.

Was würden meine Frau und erst die Kinder dazu sagen, wenn ich voraussichtlich aller zwei Wochen nach Sachsen fahren sollte, um mich noch einmal, nach zwanzig Jahren, in altehrwürdige Vorlesungshörsäle setzen und mir die Geheimnisse der Wissenschaften anhören würde?

Ich nehme mir vor, baldmöglichst mit meiner Frau zu sprechen. Vielleicht sollten wir am Abend den Familienrat einberufen und das Szenario gemeinsam besprechen. Ganz wohl ist mir dabei nicht, denn ich habe schon jetzt ein schlechtes Gewissen meiner Familie gegenüber. Aber allein der Gedanke in einer Vorlesung zu sitzen, hinterlässt eine Gänsehaut und meine Dürrpflaume kommt in geistige Wehen.

Am Abend. Die versammelte Mannschaft sieht mich mit staunenden Augen an und die kollektive Stimme verkündet, „Ja", wenn es mir denn damit gut ginge und ich das wolle, so solle ich es doch tun. Mit allen Konsequenzen. Was würde denn mein Chef dazu sagen? Nicht, dass die Gefahr bestünde und ich meine Arbeit vernachlässige. „Er hat mich ja sogar indirekt dazu ermutigt.", berichte ich und bin schließlich froh, dass wir über mein zukünftiges Projekt, oder neues Hobby, gesprochen haben. Gleich am

Montag, so nehme ich es mir vor, gehe ich zum Chef und berichte ihm von meiner Entdeckung in Sachsen.

Es ist Montag. Die Unterhaltung mit ihm hat etwas Befreiendes. Er fragt mich, welche Ausbildung und Einrichtung denn mein Interesse geweckt hat. Ich versuche sachlich zu berichten, von Zwickau und seiner Hochschule. Er weiß nicht gleich, wo dieses Zwickau geografisch einzuordnen ist. Erst als ich August Horch, den Trabant und Robert Schumann erwähne, kommt ihm die Erinnerung. Ja, es gibt da eine große Tradition im Kraftfahrzeug- und Maschinenbau – so weiß er zu erzählen. Chemnitz kennt er. Und die Technische Universität. Da arbeitet ein ehemaliger Studienkollege, den er noch gelegentlich auf Tagungen trifft.

Es ist, als fiele mir ein Stein vom Herzen. Gleichzeitig bin ich erleichtert, in freudigen Wallungen und es drängt die jugendliche Neugier in mir, auf alles, was jetzt kommen wird. Und die kommende Zeit wird sicherlich schön, vielleicht ein wenig stressig, aber schön. Geistige Horizonte werden sich öffnen und manche Geheimnisse sich lüften … so sinniere ich.

Von der Internetseite der Hochschule ziehe ich mir den Bewerbungsantrag auf meinen Laptop und schaue nach, was ich denn einreichen muss. Es ist wie bei meinem ersten Studium auch. Einige Fragen in dem Antrag sind zwar eher auf die Direktstudenten zugeschnitten, aber ich fülle den Bogen erst einmal aus und lasse mir morgen alle wichtigen Dokumente beglaubigen.

Der letzte Termin der Einreichung der Unterlagen ist der fünfzehnte Januar. Kurz vor diesem Datum, an einem klaren und kalten Januartag, fahre ich zur Post und schicke den dicken Brief per Einschreiben ab. Was wird kommen? Was wird mich erwarten? Werden sich meine Vorstellungen erfüllen? Im Internet habe ich den Studienablaufplan schon vor Tagen studiert und bin der Meinung, dass dies meine Dürrpflaume doch befriedigen müsste. Nachdem ich jetzt also den Brief bei der rothaarigen und sehr adretten Postangestellten abgegeben habe, fahre ich mit innerlicher Erleichterung nach Hause. Mein Herz klopft aufgeregt und ist in Vorfreude auf den kommenden, neuen Abschnitt in meinem Leben.

Es soll nicht nur der persönlichen Weiterentwicklung dienen, sondern vielleicht auch zum beruflichen Aufstieg, so male ich mir meine Zukunft aus.

Vielleicht wird mich mein Chef befördern? Herr Dipl.-Ing. Heinz Männel ist zurzeit Abteilungsleiter Forschung und Entwicklung im Unternehmen, einem Großbetrieb der Automobilzulieferindustrie. Er hat sowohl von der Produktion als auch vom kaufmännischen enorme Ahnung. Aber in ein paar Jahren geht dieser hochintelligente Mensch in den wohlverdienten Ruhestand.

Ich träume und sehe mich schon als Student und Nachfolger von Herrn Männel und warte begehrend auf ein Antwortschreiben der sächsischen Hochschule. Es ist eine Zeit der harten Probe und der Geduld. Endlich, nach Wochen des Wartens, kommt der Brief mit der Zusage. Ich soll die Studiengebühren überweisen und die Literatur bestellen. Gleich nach der Arbeit gehe ich dieser Pflicht nach. Mein Kribbeln ist unbändig und es ist für mich wie ein neuer Abschnitt in meinem Leben.

Bereits ein paar Tage nach der Überweisung kommt ein Brief mit dem genauen Ablauf des ersten Samstags. Jetzt bemerke ich, dass dies schon in drei Wochen sein wird. Ich erschrecke davor, denn so zeitig hatte ich es nicht vermutet. Ab diesem Augenblick stellt mich das Leben vor eine harte Prüfung. Wie soll ich das zeitlich hinbekommen?

Soweit habe ich noch gar nicht gedacht, denn es war ja bisher nur eine Vision, die ich hatte. Das Buch „Zeitmanagement" fällt mir am Abend zufällig in die Hände. „Planen Sie deshalb Ihr Leben! Formulieren Sie aus Wünschen Ziele und beginnen Sie damit, darauf hinzuarbeiten!".[1] Und weiter wird über einen Masterplan ge-

---

[1] Knoblauch 2003: S.31.

schrieben und wie man die Fragmente zusammenführt. Das wird wohl meine erste Hausaufgabe, die ich seit langem zu tun habe. Ich muss mich organisieren und Prioritäten in meinem Leben setzen. Denn das Studium wird wohl kein Spaziergang werden, sondern wird pikant gespickt mit Fahrten, Vorlesungen, Prüfungen und Belegen.

Und es wird mein Familienleben beeinflussen. Meine Frau und meine Kinder werden vieles am Wochenende alleine bewerkstelligen müssen, weil ich nicht da sein werde, sondern Vorlesungen höre, mich auf zukünftige Prüfungen vorbereiten muss ... und das alles neben der Arbeit. Sozusagen als „Hobby". Mein neues Hobby.

Es ist wieder einer dieser Freitag-
abende und diesmal sehe ich noch
einmal nach meinem Auto. Ist es getankt? Ist für die Familie schon einge-
kauft?

Ich stelle meinen Wecker und freue
mich auf den morgigen Tag. Bis zur
Hochschule werde ich zwei Stunden
Fahrzeit benötigen. Im Vorfeld habe
ich alles gründlich berechnet und
überdacht. Die Fahrtkosten, die Über-
nachtungen könnte ich über die Jahre
von der Steuer absetzen, ebenso die
Studiengebühren und die Literatur. Es
wird also der der Tag der Begrüßung
werden, anschließend hören wir noch
Vorlesungen und gegen 16:00 Uhr
sollte es morgen dann zu Ende sein.

Jedoch ist es nur schade, dass es in meinem Bundesland keinen Bildungsurlaub gibt. Bildungsurlaub ist Ländersache und es gibt keine einheitliche Regelung. Eigentlich sehr schade, da das Recht auf Bildung im Grundgesetz verankert ist.

So heißt es zukünftig: Urlaub für die Bildung nehmen! Ich beuge mich dem Willen meiner Dürrpflaume und nehme in Kauf, dass in den nächsten beiden Jahren der Familienurlaub etwas gekürzt werden muss.

Es ist DER Samstag. Zeitig genug fahre ich los, um die Hochschule zu finden, aufgeregt wie zu einer ersten Verabredung.

Ein architektonisch schöner Bau erwartet mich. Ein altes, neosozialistisches kreativ-praktisches Mehrzweckgebäude mit Mensa, Bibliothek und anderen Hörsälen stellen sich prachtvoll vor. Meine Schritte vom Parkplatz zum Hörsaal werden gelenkt von Aufstellern, die den Neuen, Wissbegierigen den Weg zum ehrwürdigen Hörsaalgestühl verraten sollen.

Die Wege sind begrenzt durch Bauzäune, welche tiefe Baugruben beschützen sollen. Die Atmosphäre im Hörsaal ist sehr angenehm, denn die meisten Entschlossenen haben ähnliche Fahrstrecken und Entscheidungen hinter sich gelassen, um hier das alte Studentenleben noch einmal aufblühen zu lassen, aber nun in einer anderen, reiferen Art.

Mit der wohl gewollten akademischen Verspätung geht die Veranstaltung schließlich nun los. Es gibt viel Interessantes über die Hochschule und deren Strukturen, die Stadt und das, für mich neue Bundesland, zu erfahren. Nach einer kurzen Zeit der Reden erhalten wir unseren Studentenausweis mit vielen Erklärungen. Nun bin ich ein Fernstudent, mit allen Privilegien. Es ehrt mich sehr, diese Chipkarte mit dem verschwommen Passbild in der Hand zu halten, um damit auch Computerpools zu öffnen und zu studentischen Preisen in den Präsenzwochen essen gehen zu können.

Das wird zwar nicht oft sein, aber ich bin auf die Qualität des Essens schon sehr gespannt.

Das Preis-Leistungs-Verhältnis soll diese Hochschule auszeichnen. Überall in Deutschland gibt es akademische Weiterbildungskurse, die diesen Abschluss zu einem fast zehnfachen Gebührensatz anbieten. Ich werde sehen, ob dieses günstige Angebot auch die entsprechenden Leistungen beinhaltet, die ich sie aus dem vorherigen Studium kenne. Diese Wissenschaftlichkeit, die praxisorientierte Lehre in den Hörsälen ...

Die Einführung ist vorbei, die Pause ebenso und alle im Saal sind gespannt auf die erste Vorlesung. Ein Mann kommt herein und fragt uns, wie es uns gehe. Woher wir denn gekommen sind und ob wir bereit für sein Fach wären – Rechnungswesen. Er beginnt seine Vorlesung ganz einfach. Doch im Verlauf habe ich Mühe, mitzuhalten. Ich hatte bisher nie etwas gehört von der Doppik der Buchhaltung. Er bringt uns in diesen beiden Vorlesungen der Vorstellung näher, dass wir selber Unternehmer wären und unser Unternehmen wirtschaftlich leiten sollen. Anhand seines Beispiels, einer Brauerei, macht er buchhalterische Vorgänge sichtbar, die mir bisher fremd waren, aber hier auf einmal selbstverständlich wie nie erscheinen.

Ich habe seine Lehrbücher in der Tasche und fahre voller Emotionen gegen halb fünf nach Hause. Angekommen, muss ich mich erst einmal sortieren. Alles ist so neu und doch irgendwie auch schön. Trotz positiver Gedanken macht mir das Zeitmanagement noch einige Sorgen. Wie soll ich das bewerkstelligen? Ein guter Artikel, gelesen im Internet, fällt mir ein: „Change it, love it or leave it[2] ". Die Homepage gibt einige Tipps, die ich beherzigen will, um die große Herausforderung zu meistern.

Meine Frau und meine Kinder fallen mir um den Hals und fragen: „Na, wie war's?".

---

[2] Haese www.erfolg-mit-kommunikation.de.

Schön, dass sie mich alle verstehen und mir in den nächsten zwei, drei Jahren dieses „Hobby" gewähren und mich unterstützen wollen. „Du schaffst das schon!"; „Wir sind stolz auf dich!" … das sind die Sprüche, die mich in den nächsten vielen Monaten motivieren sollen.

Einen Tag später, es ist Sonntag, beschließe ich nach dem Mittagessen, mir die „Motivations-Seite" noch einmal anzusehen, um eine gewisse Strategie zu entwerfen. Ein Zeitplan muss her, denn es sind vier Prüfungen nach dem ersten Semester zu absolvieren und es soll nicht besser werden. Ich will nicht so spät anfangen mit Lernen, wie bei meinem ersten Studium. Es soll systematisch werden, so nehme ich es mir vor.

Im Internet gibt es auf dieser gefundenen Seite nützliche Hinweise. Daraufhin erstelle ich mir meinen „Marschplan" für das Fernstudium, ohne meinen Job in den Hintergrund zu stellen und ohne meine Familie zu benachteiligen. Meine Kinder würden mir das nie verzeihen, wenn wir unsere gemeinsamen Aktivitäten einstellen würden, aber ich werde ihnen auch sagen müssen, dass jetzt das Studium genau so wichtig ist. Sie werden mich schon verstehen. Leicht gesagt, schwer getan. Es sollen zwei, drei Tage werden, an denen ich mich abends in die neuen Skripte und Bücher des Rechnungswesens vertiefe, um mich auf die kommenden Vorlesungen vorzubereiten und eigentlich auch, um das Gehörte zu vertiefen.

„Das Leben meistert man lächelnd – oder gar nicht."[3] Ich nutze diese Motivation und lächle vor mich hin und alles wird bei meiner Rechnungswesenslektüre leichter. Der nächste Samstag steht bevor und alles wird wieder seinen Lauf nehmen.

Prüfungspläne und Vorlesungspläne werden bekannt gegeben, neue Professoren und ihre Fächer stellen sich vor. Es ist eine große neue Vielfalt, die ich in dieser Zeit erleben darf.

---

[3] www.lebensweisheiten.net

Die ersten Prüfungen stehen an. Wir haben nicht allzu viel Zeit, um uns vorzubereiten, denn nach der letzten Vorlesung ist vierzehn Tage später die erste Prüfung angesetzt. Da der Plan aber schon lange bekannt ist, kann ich mich darauf einstellen und versuche im Vorfeld einiges zu lernen. Bald stelle ich jedoch fest, dass ich nicht mehr auswendig lernen kann. So etwas geht nur in der Jugend, wenn der Geist noch nicht belastet ist von allen anderen weltlichen Dingen.

Neben den vielen Büchern fällt mir eins von Hesse in die Hände. „Jedem Anfang wohnt ein Zauber inne". Er schreibt darin zu Beginn: „Jeder Mensch ist nicht nur er selber, er ist auch der einmalige, ganz besondere, in jedem Fall wichtige und werkwürdige Punkt, wo die Erscheinungen der Welt sich kreuzen, nur einmal so und nie wieder."[4] Es ist der Zeitpunkt gekommen, mich auf dieses Einmalige zu konzentrieren. Es soll eine gewisse Logik werden, die ich mir aneignen will. Sie soll es mir ermöglichen, betriebswirtschaftliche Zusammenhänge zu begreifen und zu verstehen. Denn nur im Studieren und Nachvollziehen der Vorgänge kann das verstandene Wissen später geistige Früchte tragen. So ist es beispielsweise im Rechnungswesen. Meine einstige „Dürrpflaume" ist höchst begeistert, endlich gibt es wieder eine geistige Heraus-

---

[4] Hesse 2002: S.9

forderung. Systematisch teile ich mir meine Woche ein. Nach der Arbeit die Familie – Kinderprobleme sind ganz wichtig. Meine Frau hat vieles gut im Griff, aber für gewisse Dinge müssen wir uns absprechen, wann ich was machen soll. Auch wenn sie manchmal sagt „Du und dein Studium...", so weiß ich doch, dass sie mich versteht. Ich habe feste Termine für das Studium eingeplant und halte mich auch während des Studiums mit einer gewissen Disziplin daran.

Vier Semester später. Die Studienzeit ist wie im Flug vergangen, es waren recht stressige Zeiten, aber auch schöne. Die letzte Prüfung steht an. Wieder ein wunderschöner Samstagmorgen. Als ich losfahre geht gerade die Sonne auf. Was waren das für Tage und Nächte gewesen. Sogar eine Woche Urlaub habe ich genommen, um mir diese Vielfalt des Wissens anzueignen. Es soll eine dreistündige Prüfung werden, mit drei Teilen. Jeder Teil davon ist schon eine Wissenschaft für sich. In meinem Kopf befindet sich eine große Ansammlung des Gelerntet, ähnlich einem Speicherchip. Ich erreiche die Hochschule, motiviert, mein Wissen ist abrufbereit und das Bauchkribbeln stellt sich, wie zu jeder anderen Prüfung, pünktlich ein.

Meine einundzwanzig Mitleidenden sind größtenteils auch schon da und wir fragen einander unser Wissen ab.

Ich treffe die beiden Studenten, die ich hier kennen gelernt habe. Wir haben uns über die Zeit angefreundet und bildeten in Vorbereitung der Prüfungen eine Lerngemeinschaft. Das hat uns durch viele Prüfungen geholfen, da einer vom anderen profitieren konnte und nicht jeder alles machen musste. Wir waren ein recht gutes Team, denn wir haben fast alle Prüfungen auf Anhieb geschrieben und bestanden. Bis auf einer, der mit der Statistik so seine Probleme hatte, aber diese dann doch irgendwann „abgehakt" hatte.

Die Prüfung wird eröffnet und jeder bekommt seine Klausur. Irgendwie bin ich in diesem Moment froh, denn mit allen Teilaufgaben habe ich mich in den letzten Tagen und Wochen derart intensiv auseinandergesetzt, gelesen, gerechnet und sogar nachts davon geträumt. Es ist wie ein Befreiungsschlag. Die 180 Minuten vergehen wie im Flug und ich muss mich an Ende noch beeilen, den letzten Gedanken niederzuschreiben. Ich habe jetzt nach der Abgabe so das Gefühl, dass diese eigentlich doch recht gut gelaufen ist. Aber ich bin nach wie vor ein rationaler Mensch, der sich nicht von solchen Gefühlen leiten lässt.

Nach der Prüfung kommt die Mitarbeiterin und beglückwünscht uns, dass wir es doch bis zu diesem Punkt im Studium geschafft haben. Sie meint allerdings auch etwas mahnend, man solle auf jeden Fall „die Schwungmasse des Lernens" weiter nutzen und sich Gedanken um die Diplomarbeit machen. Wir sind erst einmal froh, dass bis hierhin alles vorbei ist und wollen nun alle auf das Ergebnis der letzten Prüfung warten. Dann werden wir schon weitersehen. Wir versprechen, miteinander im Kontakt zu bleiben, steigen in unsere Autos und fahren nach Hause. Selbst mein Gehirn, das sich vom „Dürrpflaumendasein" verabschiedet hatte, freut sich darauf, mal wieder zu entspannen. Auch meine Familie und mein Arbeitgeber können aufatmen – endlich sind diese Anspannungen vorbei. Keiner muss mehr so richtig Rücksicht nehmen auf mich, wenn ich mich verzog und sagte, dass ich für irgendeine Prüfung lernen müsse. Alle sind richtig froh, denn jetzt würde es sein wie früher. Nach den Stunden der Rückfahrt, wobei mir so allerlei durch den Kopf ging, biege ich in die Einfahrt zum Carport in unserem Grundstück ein. Ich stelle das Auto ab, nehme meine Unterlagen und gehe zum Eingang unseres Hauses. Angekommen lege ich alles ab und gehe in die Küche. Dort nehme ich mir aus dem Kühlschrank ein Bier und öffne es. Doch bevor ich den ersten Schluck nehmen kann, kommt meine Frau die Treppe herunter und offeriert mir, dass wir jetzt noch unbedingt einkaufen gehen müssen. Mein Bier könne ich ja auch später trinken. Vorbei der Traum der Erholung. Sie nimmt ihre Einkaufsliste und ich meinen Geldbeutel und wir fahren gemeinsam, nach vielen Wochen wieder einmal, zu unserem Lieblingssupermarkt. Sie habe für heute Abend ein paar Freunde eingeladen und es dürfte an nichts fehlen. Irgendwie genieße ich diese Situation, die ich lange nicht mehr hatte – trotz der Überrumplungsaktion meiner Frau.

Sie packt Grillgut und einen Haufen Salatzubehör ein, und lässt mich zwei Kästen Bier und einen Kasten Mineralwasser in den Wagen heben. Bestürzt sehe ich auf den Umfang des Einkaufes und frage, ob sie denn eine Fußballmannschaft eingeladen habe. Nein, erwidert sie, es seien nur meine Freunde von Freitagsstammtisch und die Familie. Sie sind froh, dass ich endlich wieder Zeit für sie habe und nun das Leben wieder normal weiter gehen kann.

Es ist ein wunderschöner Grillabend. Wir essen gemeinsam und es ist einfach nur schön, in der gewohnten und lieb gewordenen Umgebung nach Herzenslust beieinander zu sein, zu reden, zu essen, zu trinken, Philosophien der Einmaligkeit auszuwerten – einfach nur ein vollkommener Abend. Am Ende tanzen wir sogar und sind inspiriert von den Flammen im Feuerkorb. Es duftet nach verbrannter Bratwurst und nach Flieder. Die Menge amüsiert sich und gemeinsam ergreifen wir immer wieder einen Drink auf alle noch kommende Stunden am Feuer.

Aber warum habe ich schon jetzt, nur einige Tag später, so ein komisches Gefühl??? Es ist nicht die Magengegend, es ist eher so ein allumfassendes Gefühl. Ein Gefühl der Schuld? Des sich „Nicht-Wohl-Fühlens"? Ein Gefühl des „schlechten Gewissens"? Die Tage vergehen wie im Flug. Schlagartig hat mich der Alltag voll im Griff. Es ist wieder alles wie früher. Fast, wenn ich nicht bloß immer noch dieses Gefühl und einen Druck im Nacken hätte – es ist als schwebe das Schwert des Damokles über mir und könne jederzeit herab sausen. Das Leben könnte so schön sein …

Es ist wie verhext. Ich kann nicht schlafen – seit Tagen. Es ist heute ein normaler Tag, nichts besonderes, alles auf Arbeit ist in Ordnung. Und zu Hause auch. Doch irgendwie ist alles komisch. Beizeiten gehe ich ins Bett. Der ersehnte Schlaf kommt spät. Und die Traumzeit. Und das Innerste wühlt in mir. Schlagartig soll sich mein Seelenfrieden ändern. Ich höre es rufen „Beeile dich, beeile dich – er ist ganz nahe hinter dir!" Ich kann nichts sehen, grelle Blitze schießen an mir vorbei, ich renne um mein Leben. Es stöhnt und ächzt neben mir und wie ein Ungeheuer mit feurigem Maul schallt es „Warum?? Warum??" Ich kann immer noch nichts sehen und habe eine Heidenangst. Mein Herz rast bis zum Bersten und ich bringe keine Stimme heraus – was hat es mich denn gefragt – wieso „Warum"?? Und ich versuche wegzurennen, aber es geht nicht! Ich bin wie verwurzelt und zu Stein verwandelt. Immer wieder grunzt es „Waaaaruuuum?? Waaaruuum ?" und die Blitze schießen vorbei und es kommt ein Erdbeben und schüttelt mich … jetzt ist alles zu spät … denke ich und versuche die Augen zu öffnen. Um mich ist alles hell – bin ich im Himmel ODER?? Eine liebliche Stimme spricht zu mir – „Wach auf, wach auf, du hast geträumt, schlecht geträumt" und streichelt dabei ganz zärtlich meine Wangen. Langsam kann ich meine Augen öffnen und sehe gegen den Lichtschein eine wunderschöne Silhouette – einem Engel gleich. Es tut so gut. Es ist meine Frau.

Sorgenvoll blickt sie mich an.

Behäbig setze ich mich auf und beginne zu sortieren – ich versuche mich zu erinnern, doch es gelingt mir nicht so recht. Aber eines ist klar – irgendetwas belastet mich arg, und dem muss ich auf den Grund gehen. Ich schaue meine Frau an, die vor mir kniet und darauf wartet, dass ich etwas sage. Es ist ein Stammeln über Arbeit, die mich zurzeit stark belastet, Stress, viele Aufträge, neue Kollegen, neue Projekte …

„Muss ich mir Sorgen machen?" fragt sie mich. Ich beruhige sie und verspreche, auf Arbeit etwas kürzer zu treten. Kopfnickend verschwindet sie in der Küche. Wieder bin ich allein mit mir und meinen Gedanken, was denn diesen bösen Traum ausgelöst haben könne. Es ist nicht die Arbeit. Die meisten Kollegen sind im Urlaub und ich habe mal wieder etwas Zeit, gewisse Vorgänge zu sortieren und mich dem Liegengebliebenen zu widmen. Ich ahne bereits schon seit längerem, was mich belastet, was ich bisher immer vor mir her geschoben habe, was ich stets verdränge – der letzte Abschnitt im Studium: meine Diplomarbeit.

Es ist wieder einmal Freitag. Eigentlich hat meine Frau geplant mit mir zu ihren Eltern zu gehen. Man wolle einen schönen Nachmittag und Abend mit Grillen und „Mensch ärger dich nicht" verbringen. Aber ich sage kurzfristig ab und bringe als Entschuldigung vor, dass noch etwas für den Bericht auf Arbeit zu machen sei, weil am Montag der große Chef wieder da ist. Bis dahin müsse der Bericht eben fertig sein. Meine Frau scheint es zu verstehen und rückt gegen drei mit den Kindern in Richtung ihrer Eltern ab.

Die Denkpause ist gerettet.

Ich brauche diese Zeit, um mich zu sortieren, um einen Plan zu machen, wie es denn jetzt mit der Diplomarbeit vorangehen solle. Sozusagen ein Konzept für die Vorgehensweise erstellen … sich gedanklich in die Arbeitswelt begeben und um nach einem geeigneten Thema Ausschau zu halten. Es kann nichts Neues werden – kein anderes Themengebiet als mein Arbeitsumfeld kommt infrage für die Abschlussarbeit. Womit beschäftige ich mich eigentlich den ganzen Arbeitstag? Wie sieht eigentlich meine Stellenbeschreibung heute, im Gegensatz zu früher, aus? Ich nehme einen Block und versuche, mir einen Überblick zu verschaffen, will mich einordnen in dieses vielfältige System. Es entsteht ein Organigramm.

Neben unserem großen Chef, dem Geschäftsführer, seinen Stellvertreter und den insgesamt drei Sekretärinnen gibt es einen Prokuristen, vier Abteilungsleiter in drei verschiedenen großen Bereichen. Insgesamt sind ungefähr zweihundertfünfzig Mitarbeiter beschäftigt. Die Firma stellt Karosserieteile – Türen für verschiedene Automarken – her. Es gibt eine Fließbandreihe, wo diese Teile aus Blech/Alu in die entsprechende Form gepresst werden. Die nächste Abteilung beschäftigt sich ausschließlich damit, diese nachzubearbeiten und die Kanten zu börteln. Die dritte Abteilung ist schließlich für die Lagerung und die Bereitstellung der Teile für den Transport verantwortlich, damit diese zur rechten Zeit am richtigen Montage-standort sind. Die Firma hat einen an-geschlossenen Fuhrpark, der im Drei-Schicht-System die Teile zu den Auf-traggebern fährt. Dieser Fuhrpark ist eine Tochter-GmbH. Der Geschäfts-führer ist der Sohn des Chefs und, wie sein Vater, sehr fleißig und ehrgeizig. Die vierte Abteilung hat eigentlich ei-nen eher innovativen Charakter und ist sehr vielseitig. Sie umfasst wieder vier Untergebiete: Forschung, Implemen-tierung/Test, Projekt „Jugend forscht im Unternehmen" und Publikationen. Und in dieser Abteilung arbeite ich. Ich, der an Alpträumen leidet und sich nun endlich der großen Herausforde-rung – der Diplomarbeit – stellen muss.

Eigentlich geht es mir ganz gut, immerhin bin ich die rechte Hand von meinem Chef, Herrn Männel. Doch würde ich mich gerne für die Stelle nach seiner Pensionierung bewerben. Ich komme mit ihm gut klar. Er erinnert mich geistig an meinen Vater und vom Aussehen her an Hermann Hesse. Streng, anspruchsvoll und doch gütig. Man muss seine Arbeit korrekt machen, im Sturm bestehen und immer alles im Blick haben.

Das ist es – alles im Blick zu haben.

Die vier Bereiche auf Arbeit sind so vielfältig, wie man es kaum beschreiben kann. In der Unterabteilung Forschung wird zusammen mit dem Max-Planck-Institut und der nahen Uni ein

Roboter programmiert und entwickelt, der für eine zeitnahe Lieferung verschiedener Bauteile zu den Produktionsplätzen zuständig sein soll. Es soll eine Just-in-Sequence-Lieferung am Band entstehen, ähnlich wie bei der Herstellung des VW-Phaeton in Dresden. Dort ist die Lösung auch maßgeschneidert und so soll es auch hier entwickelt werden, für ganz individuelle Bedürfnisse. Man hat vor, die Produktionsbänder der Halle B mit Hilfe von Robotern mit Nieten und Werkzeugen zu beliefern, um die Mitarbeiter, die dies bisher mit Multicars und Gabelstaplern erledigen, in der Lagerung und Logistik einzusetzen. Außerdem will man den Bestand in den Lagerhallen dezimieren, da jede Lagerung Geld kostet, ob sie verwendet wird oder nicht.

Ein zweites Projekt in der vierten Abteilung befasst sich ganz und gar mit den Tests und der Implementierung. Das Unternehmen hat eigens dafür eine große Scheune samt Grundstück von einem alten Bauern abgekauft und diese zur „Experimentierhalle" umgebaut. Die Ingenieure, die dieses Projekt betreuen, kommen alle aus dem eigenen Haus. Jedes Programm und jeder Roboter wird hier nach Fertigstellung getestet, auch nach Feierabend. Zu diesem Zweck wurden Halle B und die entsprechenden Lager maßstabsgetreu nachgebaut. Es ist immer ein Spaß, wenn es heißt, dass am Nachmittag wieder ein kleiner „Robi" die Schicht simulieren soll. Hier sieht man, dass die Computersimulation nicht immer der Realität einer Werkhalle gewachsen ist und es gab bisher schon viele betrübte Programmierer, die dies gar nicht verstanden. Doch das Ziel vor Augen, wird immer wieder versucht, eine maßgeschneiderte Lösung umzusetzen.

Mein drittes Arbeitsgebiet ist wie ein Baby – Jugend forscht im Unternehmen. Das ist eine vom großen Chef neu gegründete Initiative. Ein Ansinnen war wahrscheinlich auch dabei, dass seinem zweiten Sohn, der noch studiert, hier die Wege gezeigt werden sollen. Viele junge Absolventen/Akademiker haben sich ebenso für dieses Projekt beworben. Es stand in der Zeitung. Ziel soll sein, dass man sich einmal im Quartal zu Workshops trifft und gemeinsam an Lösungen in verschieden Bereichen arbeitet. Momentan ist es uns sehr wichtig, dass die Einführung von Robi vorangetrieben wird. Einige der jungen Leute sind IT-Spezialisten und bringen wirklich gute Programmierideen ein. Ein anderer ist ein Arbeitswissenschaftler, der uns mit erfrischenden Ideen zur Arbeitsplatzergonomie beglückt. Wie gesagt – wir wollen frischen Wind in unsere Entwicklungsabteilung bringen – neues Gedankengut. Die jungen Leute erhalten eine Art Stipendium und werden aus den verschiedensten Bereichen ausgewählt. Das Projekt dauert vierundzwanzig Monate und wir hoffen, dass wir alle davon profitieren können. Bisher hat es die Truppe schon geschafft, dass Robi nicht mehr im Versuch an die Regale aneckt, selbstständig erkennt, welche Materialien zu beschaffen sind. Zudem übersteigt auch seine Geschwindigkeit bei weitem schon die manuellen Zeiten. Die IT-Jungs zeigen uns hier, wer die neuen Meister sind. Nun, wir haben noch achtzehn Monate – und sind voller Optimismus.

Mein vierter Bereich sind die Dokumentationen und die Publikationen. Der Tag ist schon genug ausgefüllt und dann am Abend noch diese

Schreibarbeiten. Ich habe mir fest vorgenommen, jeden Fortschritt bei Robi zu dokumentieren. Alles soll transparent und nachvollziehbar sein – sowohl wie die Testläufe als auch das Projekt „Jugend forscht im Unternehmen". Ansonsten kann man später nicht mehr aufzeigen, welcher der Ansätze weiter zu verfolgen ist. Auch möchte ich die wissenschaftlichen Berichte der jungen Akademiker in der „iron scienes" veröffentlichen. Mein Chef hatte schon früher einen sehr guten Kontakt zum Redakteur und vertraute mir eines Tages diese ehrenwerte Aufgabe an. Ich war stolz und dankbar.

Meine Frau schimpft seit Wochen mit mir, dass ich abends ständig arbeite. Wären mir denn zehn Stunden in der Firma nicht genug, um alles abzuarbeiten? Ach, meine Gute – wenn ich sie nicht hätte ... der Engel aus der Erlösung des Alptraumes ...

Doch der Bericht muss bis morgen fertig sein, dann liest es der Chef und schließlich geht er in den Druck. Ich bin schon stolz auf alles Bisherige.

Und dann auch noch die Diplomarbeit ... das klingt eigentlich für mich schon eher wie eine großes Projekt. Ein Projekt? So eine Art Management meines Arbeitsgebietes? Na klar doch ... ich werde meine Arbeit über das Projektmanagement schreiben – über meinen

Arbeitsablauf … und irgendwie auch über mich. Endlich habe ich den Ansatz gefunden. Sofort will ich mich wieder ans Werk machen – doch ich schaue vorher auf die alte Wanduhr. Sie sagt – „Das ist heute zu spät. Gehe ins Bett und schlafe schön. Morgen ist der Tag, an dem du alles aufschreiben wirst und erst einmal eine Situationsanalyse vornimmst. Danach sehen wir weiter!" Ich höre auf die Uhr und gehe zu meiner Frau ins Bett.

Es ist Montag. Der Start in eine neue Woche. Und er verläuft großartig. Mein Chef ist zufrieden mit der Publikation und gibt seinen Segen zum Druck. Es ist ein ruhiger Tag und ich kann mich meinen Gedanken von gestern Abend näher widmen.

Was wollte ich eigentlich gestern Abend? Mir fällt ein Satz aus dem Tagebuch Mr. Tompkin „Der Termin" ein: „Menschen können Veränderungen nur in Angriff nehmen, wenn sie sich sicher fühlen."[5] Ich fühle mich sicher, denn schon lange habe ich festgestellt, dass viele Dinge doch recht operativ durchgeführt wurden. So beschließe ich, alle Abläufe zu analysieren, Strukturen darzustellen, Programmabläufe zu systematisieren und Überschneidungen zu vermeiden, indem ich ausreichend Pufferzeiten einbaue.

---

5 DeMarco 1998: S. 29.

Stunden, Tage und Wochen vergehen und ich renne durch die Zeit. Begleitet von Büchern und Aufsätzen, Zeitschriften und Internetrecherchen, Öffnungszeiten der Bibliotheken und Warten auf Fernleihen. Alles vergeht wie im Flug. Es entsteht eine erste Grobgliederung, gebaut auf Porter, Karbach, Strunz und Sadowski, umrahmt von weiteren namhaften Autoren, im Kontext des Leitbildes unserer Firma. Indem ich mich darauf konzentriert, die Kernprozesse darzustellen, ergibt sich am Ende ein völlig neues Bild. Es ist nun an der Zeit und ich nehme per Mail Kontakt zum Unternehmensführungs-Professor auf, stelle ihm mein Exposé vor und frage an, ob er mein vorgestelltes Thema begleiten wird. Viele Wochen später wird mir einen Vorort-Termin vorgeschlagen und ich falle aus allen Wolken. Mein Professor will zu mir kommen und alles aus der Nähe betrachten – ich bin einfach nur freudig überrascht und sage zu.

Meine gute Frau ist misstrauisch, denn meine Euphorie kennt erneut keine Grenzen. Zu sehr bin ich damit beschäftigt, neue Strukturen für die Firma zu skizzieren und ich beginne schon wieder meine Familie zu vernachlässigen.

Wochen später. Der große Tag des Besuchs. Aufmerksam betrachtet der Professor meine ersten Skizzen. Gemeinsam unternehmen wir einen

Rundgang durch das Firmengelände. Glücklicherweise ist an diesem Nachmittag wieder so ein Test mit „Robi", den er sehr interessiert betrachtet. Das Ende ist, dass er mir noch einige Tipps gibt und fragt, wann ich denn mein Diplomthema anmelden und meine Arbeit abgeben will. Obwohl ich sonst nie in Worten verlegen bin, verschlägt es mir die Sprache. Jetzt soll es terminlich festgehalten werden — darauf bin ich noch gar nicht gefasst. Ich verspreche, mich bei ihm zu melden. Der Professor fährt davon und hinterlässt bei mir einen Druck, der mich innerlich fast zum Explodieren bringt.

Diesen Überdruck kann ich nur ausgleichen, indem ich mir sofort meinen Kalender nehme und den Zeitrahmen festlege.

All dieses soll Wochen später festlich beendet werden, als ich eines Tages, an einem sonnigen Freitag, in dieses kleine Städtchen nach Sachsen fahre. Mit Anzug und Krawatte, den Laptop im Gepäck und einem Bauchkribbeln, wie an jenem ersten Tag, soll es der letzte Tag als Student sein. Ein komisches, aber doch schönes Gefühl zugleich. Nach all diesen ereignisreichen Stunden, Tagen, Monaten, ja gar Jahren ist es nun soweit und das Studium ist vorbei. Besser als mein erster Abschluss. Ich bin innerlich noch total aufgewühlt und erregt.

Das Kreuzverhör nach der Präsentation war nicht einfach, man hatte ganz schön zur Substanz gefragt, viele Bereiche aus dem Studium wurden hinterfragt, doch mit meinem praktischen Hintergrund konnte ich Rede und Antwort stehen – und jetzt ist es geschafft.

Schon seltsam …

„Der Mond bewegt sich langsam,
aber schließlich hat er doch die Stadt über-
quert.Aschanti[6]

---

[6] Kim1999: S.54.

Ines

Das Kind schreit schon wieder. Wahrscheinlich bekommt unser Nachzügler Zähne. Ich gehe ins Kinderzimmer, um sie hoch zu nehmen und zu trösten. Es hilft, sie wird ruhiger und schläft wieder ein. Meinem Mann rutscht die Kühlschranktür mit einem lauten Knall aus der Hand. Ich zucke zusammen – so ein Mist, ich habe schon wieder vergessen, zum Fleischer zu gehen. Zum Glück habe ich noch vom Supermarkt zwei Packungen, aber es ist eben keine frische Wurst. Doch das ist nicht das Problem.

Worauf habe ich mich da eingelassen? Warum habe ich nochmal angefangen zu studieren? Mit zweiundvierzig? Ich weiß es selbst nicht mehr und habe Zweifel an meiner eigenen Courage. Doch Schluss mit dem Grübeln, ich muss einfach mal mit meinem Mann reden.

In zwei Wochen steht die nächste Prüfung an, die zweite Wiederholungsprüfung in Wirtschaftsstatistik. Ich kann es gar nicht genug beschreiben, wie ich dieses Fach verachte. Immer wieder frage ich mich, warum ich mir das antue.

Gerade als Textilingenieurin hätte ich dieses Studium eigentlich gar nicht beginnen müssen. Doch leider sieht es auf dem Arbeitsmarkt nicht rosig aus. Vor zwei Jahren hatte mein Betrieb geschlossen. Alles ist damals zu-

sammengebrochen. Mein Leben droh-
te auseinanderzufallen. Wir reden also. So wie früher. Nächtelang saßen
mein Mann und ich damals zusammen
und wir redeten über Philosophen, Po-
litik und schwärmten von fernen Län-
dern, die wir alle mal bereisen wollten.
Bei Problemen hatte er mir immer liebevoll wieder gesagt, dass es schon
irgendwie weiter gehen wird. Anfäng-
lich glaubte ich ihm immer noch, doch
nach unzähligen Bewerbungen wurde
meine Lage immer schlechter. Eines
Tages hatte ich ein Vorstellungsge-
spräch, in dem mir offeriert wurde,
mich einzustellen, wenn ich denn noch
einen Abschluss im Wirtschaftsingenieurwesen machen würde. Wie ver-
rückt, begann ich damals im Internet

zu suchen. Was ich fand, waren stark überteuerte Angebote und sehr ominöse Darstellungen von Abschlüssen. Eines Tages sagten meine Eltern, dass sie in der Zeitung eine Anzeige gesehen hatten, wo stand, dass in Sachsen, in einer kleinen, nicht besonders bekannten, doch mit guter Tradition behafteten Hochschule, Fernstudiengänge in den Bereichen Wirtschaftsingenieurwesen und Wirtschaftsinformatik angeboten werden. So entschloss ich mich vor zwei Jahren, dieses Studium Wirtschaftsingenieurwesen zu beginnen.

Nun bin ich doch recht weit gekommen. Doch momentan stehe ich neben mir … alles ging bis hierher gut, und nun klemmt es an Statistik.

Mein Mann hört mir sehr aufmerksam zu. Ich erzähle ihm von meinen Sorgen und versinke in salzige Tränen. Die Nerven liegen blank. Die Kleine schreit schon wieder. Ich bin einfach nur fertig. An seinen starken Schultern erträgt es sich leichter. Er streichelt über mein Haar und drückt mich ganz fest an sich. Ein gutes Gefühl. In diesem Moment vergesse ich alles und es klärt sich auf. Ein Hoffnungsschimmer flammt auf und ich denke so bei mir „Alles wird gut!".

Am Tag darauf sind wir mit der Kleinen beim Arzt. Nach der Untersuchung sagt er, dass alles gut sei, denn sie bekomme ihre Backenzähnchen – alle beide auf einmal. Ein paar Tage noch, dann wäre sie wieder erträglicher. Ich freue mich und wir fahren nach Hause. Noch sechs Monate und zwei Wochen, dann gehe ich wieder auf Arbeit. Eigentlich wollte ich bis dahin mit dem Studium fertig sein und meinem zukünftigen Chef das Diplom vorlegen. So war es geplant. Und davon wollte ich auch nicht abweichen. Erst einmal ist die Kleine wichtig. Und dann habe ich noch knapp zehn Tage, um mich auf die zweite Wiederholungsprüfung Wirtschaftsstatistik vorzubereiten. Es wurmt mich, dass ich in diesem Fach so versagt habe. Woran hat es gelegen? Es war nicht die ungenügende Vorbereitung, denn ich hatte alle Aufgaben aus den Vorlesungen noch einmal gerechnet. Auch das Skript des Professors habe ich mir verinnerlicht. Ich habe es auch verstanden. Es ist doch alles so logisch und klar. Gut, in den Klausuren hatte ich teilweise ein Blackout. Zum Glück habe ich die Gelegenheit bekommen, in meine Klausur Einsicht zu nehmen. Und im Nachhinein kann ich mich nur über mich selber wundern, was ich denn da gerechnet habe. Die Mitarbeiterin, bei der ich Einsicht genommen habe war sehr nett und hat mich beruhigt. Sie meinte, ich solle meine Schwachstellen analysieren und dann, beim nächsten Mal, würde das ja wohl klappen. Zehn Tage ... die Uhr tickt und ich muss mich selbst disziplinieren. Nach dem Mittagessen – Kartoffelbrei und Spinat für die Zähnchen – lege ich mein Kleines ins Bettchen und beschließe, einen Lernplan zu machen. Aber der Druck ist hoch – es MUSS dieses Mal klappen, sonst war alles umsonst! Ich habe Angst, denn es ist nicht meine Art aufzugeben. In Gedanken versunken sitze ich in meiner Küche und schaue aus dem Fenster. Welch ein geschäftiges Treiben dort unten vor dem Einkaufsmarkt. Wie viel Geld geben sie wohl durchschnittlich beim Einkaufen aus? So rein statistisch gesehen? Und plötzlich schrecke ich auf und renne ins Wohnzimmer. Dort habe ich alle meine Unterlagen säuberlich im Regal verstaut. Einen Plan wollte ich mir machen –

also los jetzt! Wo ist das grüne Buch? Wo sind die Übungsaufgaben? Was war doch gleich in den Prüfungen gefragt? Wo ist denn mein Block und wo habe ich die Stifte hingelegt? Meine Brille? Nach geraumer Weile habe ich alles wiedergefunden und lege es auf den großen Küchentisch. Zuerst erinnern – was war damals gefragt? Es kommt, zuerst im Schneckentempo und tröpfchenweise. Doch der Erinnerungsbach wird immer größer und breiter und ich komme fast nicht hinterher alles aufzuschreiben. Nach einer anderthalben Stunde rührt sich ein Schluchzen aus dem Kinderzimmer und ein klägliches „Mama?" reißt mich aus dem Schreibfluss. Verstört renne ich zu meinem Baby und nehme es aus dem Kinderbettchen heraus. Wir werden erst einmal langsam munter und die Zähnchen melden sich wieder. Jetzt ist erst mal keine Zeit mehr für statistische Sortierungen. Wir ziehen uns an und gehen zum Spielplatz. Danach, so der Plan, gehen wir zum Fluss, die Enten füttern. Frische Luft tut gut – uns beiden. Mein Mann hat Spätschicht und kommt erst gegen halb elf. So kann ich nach dem Abendbrot nochmals den Erinnerungsweg gehen. Der Nachmittag war schön. Mein Kleines lächelt mich an, als ich sie abends ins Bettchen lege und ihr noch eine kleine Geschichte von der fleißigen Ameise Ferdinand vorlese. Doch nicht das Tagesgeschehen im Ersten Deutschen Fern-

sehen bestimmt meinen Abend, sondern das schöpferische Chaos auf
meinem Küchentisch. Ich sichte meine
Erinnerungsniederschriften und mache
mir einen Plan zum Lernen. Alle Aufgaben des Professors will ich nochmals durchrechnen, soweit ich diese
noch rekapitulieren kann. Zu Hilfe
kommen mir dabei die Übungsaufgaben aus seinem Skript und die Vorle-
sungsmitschriften. Ich nehme mir die
Mitschriften und die Gliederung, die er
uns mit Beginn der Vorlesungen gegeben hatte und sortiere systematisch
die entsprechenden Aufgaben. Morgen werde ich beginnen, wenn die
Kleine Mittagsschlaf macht und mein
Mann zur Mittagsschicht geht. Noch
zehn Tage. Mein Tagespensum ist

hoch, denn nächste Woche hat er Frühschicht und da komme ich nicht so zum Lernen. Ich hätte mir mein Leben auch anders vorgestellt. Warum ist alles so kompliziert?

Eine gute Freundin von mir ist auch zu Hause mit Kind. Ihr Mann ist Geschäftsführer und sie ist leidenschaftliche Hausfrau. Sie haben ein schönes großes Haus und einen wunderbaren Garten. Es gefällt ihr, früh mit ihrem Mann aufzustehen, sich um ihren kleinen Sohn zu kümmern, spazieren zu gehen, Essen zu kochen, sauber zu machen und nur für Kind und Mann da zu sein. Immer, wenn wir uns am Spielplatz treffen, beneide ich sie ein wenig. Wie wenig Sorgen sie doch hat. Ihre Welt scheint heile. Und meine? Ich bin neidisch auf ihren Gemütszustand, auf ihre Zufriedenheit. Aber wenn ich es mir recht bedenke – ein Leben wäre das für mich nicht. Nur Haus und Hof und Mann und Kinder? Nein. Das ist das, was ich nie wollte. Dieses stinkbürgerliche Leben in Abhängigkeit ist nichts für mich. Meine Freundin kenne ich aus der Schulzeit und dank Internet haben wir uns nach Jahren wieder getroffen. Welch ein Zufall, dass wir beide immer noch in der gleichen Stadt leben und sogar nur zwei Straßen voneinander entfernt – in der Eigenheimsiedlung. Sie hat nach der Lehre zur Einzelhandelskauffrau ihren Mann kennen gelernt – als einen Handelsvertreter für das Unternehmen, in dem sie gelernt hat. Er ist zum Geschäftsführer aufgestiegen und später haben sie geheiratet. Meinen Mann habe ich während des Studiums kennen gelernt. Er studierte Maschinenbau an der gleichen Hochschule. Nach seinem Abschluss hat er eine Stelle als Entwicklungsingenieur bei Seiler & Co KG, dem größten Hersteller von Baumaschinen in unserer Gegend, bekommen, während ich, damals hochschwanger, an meiner Diplomarbeit saß. Nach meinem guten Abschluss und der kurz darauf folgenden Geburt unseres ersten Kindes habe ich mich mehrfach beworben und ein Jahr später eine Festanstellung bei meinem ehemaligen Praktikumsbetrieb, einem regionalen Spinnereibetrieb, bekommen. Allerdings in drei Schichten. Ich war Schichtleiterin der Abteilung Stickerei. Ein herrlicher Job, allerdings sehr nachteilig für die junge Familie. Neben vielfältigen Aufträgen aus dem damaligen westlichen Ausland oblag mir auch die Lehrlingsausbildung. Wir hatten eine gute Auftragslage und hätten rund um die Uhr arbeiten können. Mit meinen Lehrlingen war ich sehr zufrieden und sie mit mir scheinbar auch: Ob mit dienstlichen oder privaten Dingen, sie kamen zu mir und wir haben immer Zeit gefunden, um zu reden. Auch das reine Frauen-Kollektiv war fast wie eine Familie. Es gab wenig Zank, denn alle wollten nur eins – den Auftrag für das Ausland qualitätsgerecht und termingetreu erledigen. Es gab dafür Prämien und keine wollte sich nachsagen lassen, sie hätte die Norm nicht geschafft.

Doch ein Jahr später kam die Wende und der Betrieb wurde von der Firma Neuhand ausverkauft. Während der eilig anberaumten Mitarbeiterversammlung sagten uns die Herren im Anzug, dass die Technik veraltet sei und wir alles umrüsten müssten, was aber eben viel zu teuer wäre. Man habe Aufwand und Nutzen abgewogen. Da unser alter Betriebsleiter Mitglied einer Partei gewesen war, wäre dieses Unternehmen einfach nicht mehr tragbar. Am nächsten Tag konnten wir uns die Kündigung in seinem Büro abholen.

Das war für mich wie ein Schlag ins Gesicht. Ich war wütend und rannte heulend nach Hause zu meinen Eltern, die sich um meinen kleinen Sohn kümmerten. Unter Schluchzen erzählte ich ihnen was passiert war. Doch sie sagten nur „Freu dich doch Kind, endlich ist die Mauer gefallen. Wir sind frei und können nun endlich in den Westen reisen!". Ich verstand sie damals nicht – was wollten sie denn im Westen? Mein Herz war schwer durch die Tatsache, dass ich ab morgen nicht mehr auf Arbeit gehen würde. Es war ebenso schwer darüber, dass sich meine Eltern freuten, endlich in den

Westen zu reisen. Was waren denn das für Zeiten? Es war doch alles aus den Fugen geraten. Ich begriff die Welt nicht mehr. Was war bloß los? Gegen Abend ging ich zu meinem Freund. Er wohnte im elterlichen Haus. Doch auch hier herrschte eine merkwürdige Stimmung, gemischt aus Freude und Taumel im Wohnzimmer und einem zerstörten Menschen in der Küche mit einer Flasche Klaren. Mein Freund weinte vor sich hin und kam gar nicht mehr so richtig zu sich. Auch als ich ihn streichelte, flossen die Tränen ungehemmt über seine Wangen. Wir konnten es beide nicht fassen – dieses neue Zeitalter, was nun über uns hereingebrochen war. Und dabei hatten wir so viele Pläne für dieses

Jahr. Die Einschulung unseres Soh-
nes stand bevor und wir wollen endlich
zusammen ziehen und heiraten.

Die Firma Seiler & Co KG hielt sich
gut am neuen Markt. Meine Textilfirma
wurde „abgewickelt". Und es gab auch
keine Hoffnung, dass sie jemals wieder produzieren würde. Welch eine
Schande.

Ich fand eine Stelle in den alten Bun-
desländern, wieder in der Textilbran-
che. Ein Freund eines Freundes meines Freundes hatte sie mir empfohlen.
Es sollte zum Ersten des übernächs-
ten Monats losgehen. Ich war damals
glücklich über die Arbeit, traurig über
die Trennung, und hatte Angst. Ein
Radikalbruch in meiner Lebensphilo-

sophie. So sollte es sein – ich wollte ja Geld verdienen und auch mit meiner Arbeit glücklich sein. Ein großes Glück waren meine Eltern, die sich als Rentner liebevoll um unser Kind kümmerten. Gemeinsam mit den anderen Großeltern. Garne, Leinen und Seide hatten mich von jeher begeistert. Alles Kreative, was man damit anstellen konnte, die Technik, die es ermöglichte. Schon als Kind hatte ich mich an der Nähmaschine meiner Mutter versucht und war doch recht stolz auf meine eigenen kreativen Produkte. Die Dirndl hatten es mir angetan. Ich war begeistert und hatte natürlich den Schrank voll von den eigenen Kreationen.

Es war mein Traumberuf, und den wollte ich um keinen Preis aufgeben. So beschloss ich damals, in den „Westen" zu gehen, mir eine Wohnung zu suchen und meinen Traum weiter zu verfolgen. Und es musste schnell gehen.

Die Firma, die hauptsächlich Stoffe für die Dirndl-Produktion herstellt, hatte mir bei der Wohnungssuche sehr geholfen. Auch der erste Arbeitstag war voller positiver Überraschungen und die Menschen in dieser Gegend waren sehr nett. Es war eher ein familiärer Betrieb, der solide und handwerklich in der ländlichen Gegend produzierte. Schnell hatte ich mich eingearbeitet. Meine Aufgabe war, die Vorgänge in der Produktion zu überwachen, für Nachschub der Rohleinen zu sorgen und am Ende die Qualitätskontrolle der Leinen zu übernehmen. Es war zwar kein Platz für eigene Kreationen, aber am Monatsende wurde pünktlich und gut bezahlt. Das genügte mir, denn so konnte ich die Miete zahlen, mir die Wohnung MIKEA-lastig, aber gemütlich einrichten, mich ernähren, meinen Kleinwagen finanzieren und aller zwei Wochen nach Hause, zu meinem Kind, zu meinen Eltern und zu meinem Freund fahren.

Während sich nun doch mehr meine zukünftigen Schwiegereltern um unseren Sohn kümmerten, waren meine Eltern selten zu Hause. Sie genossen

ihre Rente und waren ständig unter-
wegs. Auf Reisen in aller Herrgotts-
länder. Ständig schickten sie An-
sichtskarten von uns unbekannten
Regionen. Schön, dass es ihnen gut
ging. Die Eltern meines Freundes hatten ihr Haus ausgebaut. Es entstand
eine kleine Wohnung für uns. Denn
ewig ging die Wochenendbeziehung
auch nicht. Und schon gar nicht für
unseren Sohn. Sie hatten gemeinsam
in vielen Stunden Wände durchgesto-
ßen, gemauert, trocken gelegt und
neu verputzt. Innerhalb von zwei Jahren haben sie gemeinsam Berge von
Zement, Ziegeln und Holz verbaut. Es
sah aus wie in einem Baumarkt. Gips-
kartonwände standen quadratmeter-
weise im Flur herum. Es waren zwei

Jahre der Entbehrung, des Auslotens der Schmerzgrenze des eigenen Ichs. Und ich war nicht dabei.

An einem Montagmorgen war Versammlung aller Betriebsangehörigen und der große Chef räusperte sich umständlich. Nach einigen Höflichkeitsfloskeln meinte er, dass in zwei Monaten sein Neffe aus den Staaten den Familienbetrieb als Betriebsleiter übernehmen würde. Er selbst würde sich schon lange nach dem Ruhestand sehnen und zukünftig obläge seinem Neffen die Führung des Betriebes. Eigene Kinder hatte er nicht. Er wolle, dass alles in familiärer Hand bliebe und er würde die Entscheidungen seines Neffen tolerieren. Doch alles solle beim Alten bleiben. So sagte er. Damals.

Zwei Monate später war wieder eine Betriebsversammlung. Der neue Chef war da und äußerte in amerikanischer Manier, dass nun frischer Wind in der Firma wehen würde und vieles anders werden sollte. Die Belegschaft raunte und sah sich um. Nun hob der neue Chef erneut an und verkündete die Namen derer, die sich morgen früh die Kündigung in seinem Büro abholen sollten. Er wolle den Betrieb wirtschaftlich leiten und die höchsten Kosten seien die Personalkosten. Man müsse die Produktion outsourcen und sich neue Märkte erschließen. Schließlich arbeiten die Stoffhersteller in Asien um ein Zehnfaches billiger und man könne die Stoffe hier um ein Doppeltes mehr verkaufen. Was für ein Gewinn ... allerdings weder für die Wirkerinnen an den Webstühlen noch für mich. Ich wurde gekündigt.

Meine Wohnung habe ich aufgegeben. Mein Auto war bezahlt. Also packte ich, belud den kleinen Umzugswagen und fuhr nach Hause. All mein MIKEA-Mobiliar habe ich den Armen der Gemeinde vermacht, denn wir hatten ja eine eingerichtete Wohnung. Es war nicht mehr viel und passte in den kleinen Umzugswagen.

Wieder erwartete mich völlige Ungewissheit und die Angst vor der Zukunft, jedoch war ich auch froh, dass das Gependel endlich aufhören sollte.

Die ganze Fahrt über regnete es, über mein Gesicht rannten die Tränen um die Wette und ich musste aufpassen, dass ich keinen Unfall baute. Was für ein anstrengender Tag. Mein Kind und mein Freund haben mich schon erwartet. Sie waren froh, dass ich endlich zu Hause war. Erschöpft, müde und frustriert ließ ich mich auf dem Sofa nieder. Mein Kleiner gab mir ein Küsschen und fragte „Mama, bleibst du jetzt für immer hier bei uns?".

Im Fernsehen lief ein Liebesfilm, doch ich war viel zu fertig und zu aufgeregt und schüttete mir den bereit gestellten doppelten Whisky on the rocks hinein.

Danach war Schicht im Schacht. Eingeschlafen auf dem Sofa, erwachte ich morgens mit herrlich duftenden Kaffee, einem Glas Orangensaft, Rührei und frischen Brötchen. Weiter brachte er einen Teller mit Wurst und Käse. Was für ein herrliches Erwachen, was für ein herrliches Frühstück. Ich küsste ihn und war in diesem Moment die glücklichste Frau im Universum.

Nun sind wir schon seit einigen Jahren verheiratet und erneut glückliche Eltern. In einem halben Jahr werde ich mit der neuen Arbeit beginnen, unter der Voraussetzung, dass ich den Abschluss als Diplom-Wirtschaftsingenieurin mitbringe. Und auch die

Prüfung Wirtschaftsstatistik ist noch zu meistern. Es sind immer noch drei Tage und ich habe bisher sehr viel gerechnet, mir die Skripte verinnerlicht, das grüne Buch temporär zu meiner Lieblingslektüre erklärt und denke doch, dass ich es diesmal schaffe.

An diesem Samstagmorgen bin ich beizeiten los gefahren. Das Lampenfieber steigt an. Nach und nach kommen auch die anderen Prüflinge der jüngeren Jahrgänge, mit denen ich mich nun dieser Herausforderung stellen will. Der Professor kommt überpünktlich, erkennt mich sofort wieder, denn ich habe im letzten Semester immer noch einmal an seinen Vorlesungen teilgenommen und ihn auch zu manchen Übungsaufgaben befragt. Sehr freundlich und verständnisvoll hatte er mir diese erklärt. Seine fast väterliche Art nimmt mir die Angst vor dieser Prüfung. Ich bin beim Austeilen der Klausur sehr ruhig und überrascht, denn einige Aufgaben kommen mir sehr bekannt vor. Sofort rechne ich los und komme sehr gut voran. Es ist nichts dabei, was ich nicht schon einmal gehört oder beziehungsweise gerechnet hätte. Mit Erleichterung gebe ich die Klausur ab. Der Professor versichert mir, dass er schnell korrigieren wird und mich informieren will. Ich fahre nach Hause. Nach zwei Wochen wird es bestätigt – ich habe meine letzte Klausur im Studium bestanden. Es geht mir richtig gut und ich bin glücklich. Was für ein Gefühl. Nun habe ich endlich den Kopf wieder frei und werde mich um ein Diplomthema kümmern. Doch dieses Vorhaben sollte sich, im Nachhinein betrachtet, als äußerst schwierig gestalten.

Die Tage vergehen mit dem Alltagskram, der Eingewöhnung in die Kinderkrippe, das Gymnasium, dem Schichtsystem meines Mannes und dem Grübeln. Worüber schreibe ich meine Diplomarbeit? Von der Hochschule gibt es keine Themen für Diplomarbeiten, zumindest nicht für Fernstudenten. Ich stehe mit einer Tasse Kaffee auf dem Balkon und genieße den Ausblick. Ein herrliches Panorama. Die alten Häuser der kleinen Gemeinde stehen in frischen Farben vor dem satten Grün des angrenzenden Wäldchen. Umrahmt wird es vom Hellblau des Himmels, gesprenkelt mit kleinen, sanften, weißen Wölkchen. Wie Federchen schweben sie, sorglos und friedlich. Ein Geistesblitz trifft mich und ich greife zum Telefon und rufe meinen zukünftigen Arbeitgeber an. In einer Stunde habe ich den Termin.

Überrascht, aber aufgeschlossen begrüßt mich der leitende Ingenieur bereits als neue Kollegin. Ich will mein neues Arbeitsumfeld einfach kennen lernen und bei dieser Gelegenheit nach einem eventuellen Thema für die Diplomarbeit anfragen. Er erzählt mir, bevor ich fragen kann, gleich davon,

was in den nächsten Monaten angedacht ist. Eine neue Produktionslinie
ist in Planung, die ich später ohnehin
betreuen soll. Allerdings gäbe es im
Vorfeld noch einige Unklarheiten.

Die Firma MATEX GmbH hatte sich
nach der Wende etabliert und stellt
technische Textilien, hauptsächlich für
die in der Nähe produzierende Automobilindustrie, her. Die Produktion ist
sehr vielfältig – von Innenausstattun-
gen im Kfz-Bereich bis zu Materialien
für die Dämmung im Baugewerbe. Um
den wachsenden Ansprüchen zu ge-
nügen, hatte MATEX im letzten Jahr
Überlegungen angestellt, in eine neue
Produktionslinie zu investieren.

Eine Produktionshalle wurde auf einem erst vor kurzem erworbenen Gelände erbaut. Unter Berücksichtigung der Beschaffungs-, Transport-, Lagerungs- und Fertigungsprozesse wurden auch die logistischen Vorgänge eingeplant. Der Aufbau der Maschine ist fast beendet und in einem viertel Jahr soll die Produktion beginnen. Was noch nicht geklärt und erprobt ist, sind die einzelnen Taktzeiten. In der Investitionsplanung wurde von Schätzungen ausgegangen, die in ähnlichen Vorgängen gemessen wurden. Aber würden sich diese Zeiten wirklich ergeben, oder gibt es noch Optimierungspotential?

Der leitende Ingenieur, Herr Rudolph, erklärt mir ausführlich, was er sich vorstellt. Und ja – da war doch noch meine Diplomarbeit. Er fragt mich ziemlich direkt, ob ich mir denn vorstellen könnte, schon eher als vereinbart, zu arbeiten. Vielleicht erst mal halbtags. Ich könne die Problemstellung auch für meine Diplomarbeit nutzen. Er würde das mit dem großen Chef und der Personalabteilung abstimmen.

Ich bin überrascht und erbitte mir eine kurze Bedenkzeit von zwei Tagen. Herr Rudolph hat damit kein Problem und wir verabschieden uns wie zwei alte Kollegen.

Zu Hause angekommen, muss ich erst mal meine Eindrücke sacken lassen. Es war eigentlich schon mehr, als ich mir vorgestellt habe. Innerlich aufgewühlt versuche ich die Vorgänge zu strukturieren.

In Bayern gab es auch die Vorgaben, die Taktzeiten der einzelnen Produktionsabschnitte kontinuierlich, in einem Turnus von drei Monaten, zu überprüfen. Diese wurden, neben anderen Zahlen, an den Abteilungsleiter gemeldet. Doch jetzt ist die Situation etwas anders. Im Studium hatten wir einmal ein Fallbeispiel, das ähnlich gelagert war. Doch all meine Studienunterlagen sind noch teilweise in Kartons verpackt und auf dem Dachboden eingelagert. Also erstelle ich mir eine große To-Do-Liste, pinne diese an den Kühlschrank und wende mich meinen mütterlichen Pflichten zu.

Die Kleine muss aus der Einrichtung abgeholt werden, der Große zum Fußball-Training und mein Mann hat Frühschicht. Es ist Eile geboten. Nach dem Abendbrot und der obligatorischen „Gute-Nacht-Geschich-te" hole ich eine Flasche Rotwein aus dem Keller, dekoriere den Küchentisch, zünde eine Kerze an und rufe meinen Mann. Als hätte er etwas geahnt, kommt er lächelnd in die Küche. „Was gibt es denn für einen Grund?" fragt er. Bei Rotwein und Weintrauben er- zähle ich ihm von meinem heutigen

Gespräch mit Herrn Rudolph. Von all den Planungen, dem sich eventuell daraus ergebenden Diplomarbeitsthema und dem Angebot, vorzeitig schon halbtags zu arbeiten. Er freut sich mit mir und wir stoßen auf diesen schönen und ereignisreichen Tag an. Doch im Laufe des Abends kommen auch Bedenken auf, dass zuerst alles juristisch abgesichert und von der Personalabteilung genehmigt sein muss. Trotzdem freuen wir uns beide, dass unser Alltagsleben bald eine schöne Wendung bekommen wird. Nach all den Jahren des Pendelns, der Arbeitslosigkeit, des Hausbaus und der Elternzeit. Ich zeige ihm meine To-Do-Liste und er meint, dass es jetzt doch zu spät ist, um auf dem Boden nach meinen Studienunterlagen zu suchen, aber gleich morgen nach der Schicht können wir die Unterlagen bergen. Ich umarme ihn und habe wieder dieses Glücksgefühl im Bauch, dass ich die glücklichste Frau auf der Welt bin.

Tags darauf, auf dem Rückweg von der Kindereinrichtung rufe ich Herrn Rudolph an und wir vereinbaren einen weiteren Termin.

Auch ein Professor für das Gebiet Finanzmanagement von der Hochschule erklärt sich bereit, das Thema zu betreuen, allerdings erwarte er ein ausführliches Exposé, aus dem Ist- und Sollsituation hervorgehen und die wissenschaftliche Vorgehensweise dargelegt wird. Inbegriffen soll auch eine Grobgliederung und eine erste Aufstellung des Literaturverzeichnisses sein. Über einen Zeitpunkt haben wir uns noch nicht verständigt. Er klang am Telefon zwar etwas streng, aber sein leicht schwäbischer Akzent wirkt sehr vertrauensvoll. Ich soll mich bei ihm melden, wenn ich soweit wäre. Es war ein herzliches und motivierendes Telefonat.

Nun heißt es arbeiten, arbeiten, arbeiten.

Ich erinnere mich an mein erstes Studium. Damals war alles einfacher, doch ähnlich wie heute, hatte ich mir damals auch einen Terminplan erstellt.

Die wichtigsten Schritte im wissenschaftlichen Arbeiten sind vorzubereiten, eine Materialübersicht ist anzulegen und das Thema ist abzugrenzen. Im nächsten Schritt wird das Material ausgewählt. Dem folgend wird die Materialauswertung vorgenommen und letztendlich kann mit dem Manuskript angefangen werden.[7] Neben alldem gibt es noch zwei andere Prioritäten – die Kinder und mein Mann.

Mein Zeitplan ist straff, doch er gibt mir auch den notwendigen Raum für regelmäßige Bibliotheksbesuche. Ich komme ganz gut voran, denn den groben Rahmen habe ich schon vor nun einem Monat mit dem Professor abge-

---

[7]Vgl. Theisen 2000: S.19.

sprochen. Mein Bestreben ist es, bis zum Beginn der Produktion, anhand der technischen Daten und der Erfahrungen an ähnlichen Anlagen zu prüfen, ob die Taktzeiten mit denen aus der betrieblichen Kalkulation und Amortisationsrechnung annähernd identisch sind. Ziel meiner Arbeit soll es sein, eine Vorgehensweise aufzuzeigen, mit der man anhand technischer Daten die Produktions- und Taktzeiten unter Berücksichtigung der jeweiligen technischen Stillstandszeiten ermitteln kann. Diese Ergebnisse sollen Grundlage für zukünftige Kalkulationen werden. Wichtig hierbei ist die Zusammenarbeit der Ingenieure und der Projektplanung. Schließlich soll am Ende der Arbeit ein Ablaufplan entstehen, der die einzelnen Schritte aufzeigt, um in Vorbereitung künftiger Investitionen größtenteils auf Schätzwerte verzichten zu können.

Dieser straffe Zeitplan wird in den nächsten Wochen mein Leben bestimmen. Das bedeutet auch, Kompromisse zu machen. Mein Mann hat Verständnis und übernimmt beispielsweise den Großeinkauf zum Wochenende und das Staubsaugen.

Unser Zeitplan soll aufgehen.

Es sind nun sechs Monate, zwei Wochen und drei Tage vergangen, ich stehe aufgeregt mit meinem Laptop und der vorbereiteten Präsentation im

Beratungsraum der Fakultät und warte auf meine beiden Professoren. Die letzten drei Monate habe ich nachts viel gearbeitet und wenig geschlafen. Die Produktion ist angelaufen und ich habe, nach dem Halbtagsjob, einen Arbeitsvertrag als Produktionsleiterin. Die Arbeit mit Herrn Rudolph hat sich als sehr schöpferisch erwiesen und die Abteilung ist sehr zufrieden mit meinen Ergebnissen. Kurz vor knapp habe ich meine Arbeit binden lassen und sie fristgemäß an die Hochschule geschickt. Nun ist es soweit. In der Nacht habe ich die Präsentation fertig gestellt und hoffe nun, dass alles sehr schnell geht. Meine Professoren kommen und geben mir nach einer kurzen Vorstellung fünfzehn Minuten

Zeit, um zu präsentieren. Auch die anschließenden Fragen kann ich gut beantworten, denn im letzten halben Jahr habe ich mich sehr ausführlich mit dieser Materie befasst. Nachdem der Professor das Gutachten stellenweise gelesen hat, erwähnt er, neben guter analytischer Arbeit aber auch einige orthografische und grammatikalische Mängel. Zuletzt wird mir nach der Beratungszeit der Prüfungskommission mein Ergebnis mitgeteilt. Mit schweißnassen Händen betrete ich den Raum. Keine Mimik im Gesicht verrät irgendetwas. Ich versuche, meine Nervosität zu verbergen. Wie ein Befreiungsschlag erscheint es mir – man bewertet die Arbeit mit einer 1,7 und die Präsentation mit einer 1,3.

Überglücklich schießt mir das Blut ins Gesicht und eine große Last fällt von mir. Die beiden Professoren verabschieden sich. Der Professor mit dem herrlichen Dialekt meint noch am Ende, dass er sich freuen würde, mich noch einmal zu sehen, eventuell bei Fachtagungen. Wir versprechen, in Verbindung zu bleiben. Ich kann es nicht fassen. Es ist geschafft!

„Nicht was man über uns sagt, ist wichtig,
sondern was wir darauf antworten."
DUKA[8]

---

[8] Kim 1999: S.69.

Evi & Martin

Auf dem Bügelbrett liegt das Hemd von Martin, das er morgen für seine Firmenrede benötigt. Das Bügeleisen ist noch nicht heiß genug und ich beuge mich über den Tisch und versuchte, mich in die Spartheorie von Keynes zu versetzen. Seit zwei Abenden bemühe ich mich, die Welt der Volkswirtschaftslehre zu verstehen und langsam steige ich dahinter. Übermorgen schreibe ich eine Klausur und möchte natürlich bestehen. Mein Ehrgeiz sagt mir: „Augen zu und durch". Aber gut gelingen soll es schon. Martin schreibt ebenfalls übermorgen, allerdings Algorithmus/Programmierung. Für dieses Gebiet konnte ich mich noch nie erwärmen, obwohl ich ein Fan der neuen Techniken bin. Egal, ich versuche, mich zu konzentrieren und nehme das Hemd in Angriff. Nach jedem Gang zum Tisch schaue ich auf meine Zusammenfassung der Mitschriften und Studien aus den Lehrbriefen und empfohlenen Büchern. Für morgen habe ich mir nach Feierabend vorgenommen, den Bundesbankbericht, zumindest ansatzweise die ersten Seiten, zu lesen. Und dann höre ich aus dem Nachbarzimmer leise Töne Musik. Es ist Bach. Die wohlklingenden Melodien beruhigen und sollen den Sinn schärfen. Lernt Martin noch oder hat er sich den schönen Künsten hingegeben? Schmunzelnd betrete ich das Zimmer und finde ihn mit Taschenrechner hinter Büchertürmen, versunken in einem Ordner. Leise frage ich an, ob es ihm denn gut geht? Wie aus einer anderen Welt aufgeschreckt hebt er den Kopf und sieht mich mit fragenden Augen an. Wie kann ich ihn nur stören? „Es geht mir gut, du siehst es doch, ich muss noch lernen!" und ich beschäftigte mich weiter mit der Bügelwäsche.

Samstag, morgens früh halb sechs. Martin hat gestern Abend noch getankt. Wir starten beide gemeinsam zur Hochschule. Er zur Prüfung Programmierung und ich zur Volkswirtschaftslehre. Wir wollen uns gegen Mittag in der Stadt treffen, um dann die Prüfungen bei einem Kaffee auszuwerten. Vielleicht gehen wir noch in die Stadt zum Bummeln. Er setzt mich an der Ecke zur Mensa ab und fährt zum anderen Campus. Ich suche den Hörsaal auf und nehme meine gesammelten Werke raus. Das ergibt zwar keinen Sinn, aber tut dem Gewissen gut. Nach und nach kommen die anderen. Teils mit übernächtigtem Blick und teils mit heiterem Gemüt. Herzlich umarmen und begrüßen wir uns und hoffen, dass die Klausur nicht allzu schwer werden wird. Fünf Minuten vor Klausurbeginn kommt die Professorin herein. Sie wird begleitet von einer Mitarbeiterin. Jetzt ist es soweit. Die Klausuren werden ausgeteilt. Es kommt mir bekannt vor. Wir haben das alles gehört und behandelt. Und es sind genau die Themen, die ich beim

Bügeln gelernt habe. Na super, denke ich mir und beginne zu schreiben. Genau einhundertzwanzig Minuten habe ich Zeit, die zwölf Fragen zu beantworten. Es geht mir gut dabei und ich finde für jede Frage auch eine Antwort. Aber ob es die richtige ist, wird sich nach der Bewertung zeigen. Selbst bei der Rechenaufgabe habe ich sofort das Ergebnis im Kopf und muss fast noch überlegen, wie denn der Lösungsweg war.

Martin sitzt in einem Seminarraum am anderen Standort der Hochschule, mitten im Zentrum der Stadt. Er kann für seine Prüfung alle Unterlagen verwenden. Das kann gut sein, aber auch nachteilig. Seinen Büchertürmen zufolge hatte er sich im Vorfeld jedoch ausgiebig damit befasst. Für mich ist die reine Informatik ein böhmisches Dorf und die Begeisterung für Datenbanken und Betriebssysteme hält sich in Grenzen. Aber jedem das seine.

Wir haben uns in einem gemütlichen Kaffee am Markt verabredet. Es ist ein herrlicher Tag. Die herbstliche Sonne scheint noch recht intensiv. Sie meint es gut und taucht die alten Bäume am Markt in ein fast mystisches Licht. Ich kneife die Augen zu und sehe eine Verschmelzung der Farben vom satten Orange, über ein Lichtgold bis zum Purpur. Die Innenstadt zeigt sich von ihrer schönsten Seite und ich genieße den Kaffee im Freien. Schöne alte

Häuser, die von sehr viel einstigem Wohlstand zeugen.

Im letzten Jahrhundert war diese Region eine Hochburg der Textilindustrie, vorher wurden hier Silber und Erz gefördert, was die Stadt reich machte. Martin Luther hatte hier mehrfach gepredigt. Die alten Priesterhäuser rund um den sogenannten Dom sind die ältesten Wohngebäude Sachsens. Georgius Agricola gründete die Lateinschule. Sie ist der Grundstein der hiesigen Hochschule. Ein Hochschulgebäude im Stadtzentrum trägt heute noch stolz den Namen dieses Universalgelehrten. Selbst Karl May weilte in dieser Stadt, allerdings als Betrüger im Gefängnis, das zum heute sehr schön wiederhergestellten Schloss Osterstein gehörte.

Meine Blicke schweifen zum Himmel. Ich schließe die Augen und beginne zu träumen. Was wird einmal werden?

Ein Wind, eine Böe schreckt mich aus den Gedanken. Es ist Martin. Leise hat er sich zu mir gesetzt und wahrscheinlich meine Gedanken gelesen. Der Kaffee ist kalt und wir bestellen neuen. Etwas zu essen und etwas zu trinken, lachen, schwätzen und den Tag genießen. Ein schöner Tag, ein schöner Ausklang nach den letzten intensiven Abenden des Lernens nach der Arbeit. Die Kunst des Abschaltens von den Arbeitsproblemen, sich den Prüfungsgebieten stellen, keine Abende zum Reden und Kuscheln – das ist jetzt erst einmal für mindestens zwei Wochen passé.

Und wir genießen es.

Wir beide wollten ein berufsbegleitendes Studium. Möglichst gemeinsam an einem Ort. Gezielt hatten wir gesucht, nach etwas, was uns Freude machen sollte, was uns beruflich weiter bringt. Der Bachelorabschluss ist uns zu wenig. Es darf noch etwas mehr sein. Und so hatten wir gesucht und gefunden. Im Internet, bei Bildungs-Net. Wir wollten bewusst keinen schnellen und teuren Master auf unseren Abschluss drauf setzen, sondern den klassischen Ingenieur. Wir suchten eine gute und gediegene Ausbildung, mit einem staatlich anerkannten Abschluss. Es hat eine Weile gedauert, aber wir haben es gefunden. Es war außerdem der Wunsch unser beider Arbeitsgeber, dass wir weiter studieren sollte. Die Personalabteilung wüsste gar nicht so recht, wie sie den B.A. einstufen sollten. Bei einem Diplom-Ingenieur wäre es eindeutiger. Bei Martin wie bei mir. Und dann hatten wir es gefunden. Diese kleine verträumte Stadt mit der traditionsreichen Hochschule. Warum also nicht? So dachten wir. Wir beide können nur davon profitieren. Vom Wissen und vom Abschluss.

Martin hatte gleich nach dem Abschluss seines erstens Studiums einen Job bekommen. Die Firma ist schon seit Generationen ansässig und betreibt einen expandierenden Autohandel mit mehreren Autohäusern. Angeschlossen sind Werkstätten. Dieses Geschäft ist in den Jahren gewachsen und erstreckt sich über Neuwagen, Gebrauchtwagen und dem entsprechenden Service.

Die neuen Fahrzeuge sind ausgestattet mit modernster Elektronik während dessen auch die Nachfrage nach guten gebrauchten Fahrzeugen ständig steigt. Gleichzeitig steigen auch die Anforderungen an die Werkstatt mit ihren, teilweise älteren, doch sehr erfahrenen Fachkräften. Von der Geschäftsführung ist geplant, in den nächsten beiden Jahren zwei weitere Standorte in näherer Umgebung aufzubauen und „online" zu gehen. Die ältere Generation der Geschäftsführung weiß mit Sicherheit nicht genau, was dieses Vorhaben im Einzelnen mit sich bringt, hat aber klare Vorstellungen. Martin ist der Auserkorene, der dieses System aufbauen und betreuen soll. Eine große Herausforderung für ihn, zumal sein Vater und der ältere Geschäftsführer, Herr Schuster, zusammen Kraftfahrzeugtechnik studiert haben.

Die nächsten Wochen werden für mich recht turbulent. Ich arbeite im öffentlichen Dienst und bin Assistentin des Leiters für Landschafts- und Gartenbau. Herr Bauer, mein Vorgesetzter, ist ein väterlicher Typ, der mit Umsicht, seiner ruhigen Art und der sonoren Stimme immer wieder die hitzigen Gemüter beruhigt und sozusagen den kollektiven Geist wieder in die richtige Richtung lenkt. Erst vorgestern, als beim Bauausschuss beschlossen werden sollte, dass man für den kommenden Winter die Vorratsmenge an Streusalz reduzieren wolle, ist er energisch dagegen vorgegangen. Als Beweis hatte er sich die statistischen Angaben der letzten fünf Jahrzehnte herausgesucht und eine Argumentation vorbereitet, die den Ausschuss überraschte. Es kann nicht sein, dass auch nur eine kleine Gemeinde im Winter nicht beräumt werden soll, nur weil der Haushalt sparen muss. Dieser Punkt kam also nicht auf das Sparprogramm, dafür aber wurde die Investition für ein neues Baufahrzeug gestrichen. Wir hatten uns das ganz gut vorgestellt, denn die neue Technik sollte in einem Vierteljahr eingesetzt werden, um den Stadtteich zu entschlammen. Nun war Umdenken angesagt. Doch auch hier hatte Herr Bauer eine geniale Idee. Er bat um Amtshilfe beim nächsten Verwaltungsbereich. Er meinte zu mir, dass ich mich mit meinem Studium doch ganz gut mache und er dies bewundere. Er selbst ist Gartenbauingenieur und es war sowieso angedacht, den Maschinenpark separat zu verwalten. In ein, zwei Jahren will man diese Abteilung umstrukturieren, aber die Stellen der beiden Mitarbeiter, die nächstes Jahr in Rente gehen werden, sollen nicht mehr besetzt werden. So einfach ist das Spiel und ich soll dann vielfältig einsetzbar sein. Eigentlich hatte ich mir vorgestellt, auch irgendwann mal ein Kind zu planen.

Martin und ich haben seit Wochen immer wieder Streit und jeder geht dem anderen aus dem Weg. Martin kommt spät nach Hause und ich lerne für die letzte Prüfung. Wir haben kaum Zeit uns einmal auszusprechen.

Der Tag der Prüfung ist greifbar nahe, ich habe genügend Zeit investiert, bin bereit und motiviert. Ich will das Studium schaffen und nun endlich beenden. Es ist mir wichtig. In den letzten drei Monaten hatte ich drei Prüfungen geschrieben – alles war mehr oder weniger nebenbei geschehen – neben der Arbeit. Der Haushalt blieb liegen, ich habe auch an den Wochenenden nicht mehr richtig gekocht und es hat Martin getroffen, der sich immer auf das Wochenende gefreut hatte, wenn wir beide auch in der Küche standen und vieles ausprobierten.

Wir müssen uns aussprechen. Irgendwie habe ich so ein komisches Bauchgefühl. Kein Streicheln, kein Drücken, keine SMS mit hdl … nichts, gar nichts. Es ist komisch, aber ich hatte bisher auch gar keine Zeit, irgendwie tiefer darüber nachzudenken, denn die Prüfung steht bevor. Und so setze ich mich abends noch hin und lerne.

Nach der Prüfung – so nehme ich mir vor, hole ich eine Flasche Rotwein, werde ihn mit einem schön gedeckten Tisch und vielleicht mit meinem neuen Dessous überraschen und wir werden sprechen.

Am Tag der Prüfung. Keiner von uns hat diese Vielfalt in so kurzer Zeit erwartet. Die Prüfung ist hart. Aber was soll es, ein Versuch ist es wert, einen nächsten Versuch gibt es ... so denke ich jetzt nach der Prüfung. Aber ich habe wirklich viel gelernt und konnte in den vergangenen zwei Stunden auch zu jedem Teilgebiet etwas schreiben.

Aber warten wir mal die Ergebnisse ab.

Mit gemischten Gefühlen fahre ich nach Hause.

Wochen des Wartens – keine Anzeige im Online-Noten-System – Unruhe macht sich breit, auch im Familienklima. Martin hat die Schwelle der letzten Prüfung bereits überschritten und wird vom Arbeitsalltag wieder völlig eingenommen. Unsere gemeinsamen Stunden sind gezählt. Er kommt immer später. Vielleicht sitzt er schon an seiner Diplomarbeit? So denke ich bei mir. Aber wir kommen nicht zum Reden. Ich bin noch lange nicht soweit, um an ein Thema für meine Diplomarbeit zu denken.

Es ist Ostern und die Eltern haben uns eingeladen. Wir beschließen einen schönen Nachmittag zu verbringen. Wir wandern zum Osterbrunnen und erzählten von unserem Alltag. Erstaunt, aber auch interessiert blicken mich meine Schwiegereltern an. Hinter der nächsten Kurve liegt ein schöner Wald-Gasthof. Wir schlendern um die Kurve und betreten eine wohl gut bürgerliche Gaststube. Es riecht herrlich nach Essen und Land. Erschöpft vom Ostermarsch lassen wir uns nieder und beschauen die Karte. Endlich mal verwöhnen lassen – so kommt es mir vor wie im Vorhof des Paradieses – kleine Tränen rollen in Zeitlupe über die Wangen...Es war ein wunderschöner Tag! Nach all den Anspannungen auf Arbeit und zu Hause haben die frische Luft und das gute Essen richtig gut getan.

Am Abend reden wir. Ich will ihn gerade fragen, warum er abends immer so spät nach Hause kommt. „Oder schreibst du schon an deiner Diplomarbeit?" frage ich. Er schaut mich an und holt tief Luft. Es purzelt nur so aus ihm heraus „Ich habe ein Verhältnis mit meiner Kollegin.". Das hat bei mir gesessen. Wie ein Blitz aus heiterem Himmel. „Geh` jetzt! Pack deine Sachen und verschwinde!" schreie ich. Es ist doch nicht zu fassen. Ich denke noch, dass er an seiner Arbeit schreibt, stattdessen hat er eine andere Frau! Ohnmächtige Wut kommt über mich. Nach einer Weile kracht die Tür und Martin ist weg. Zu der anderen. Das habe ich jetzt irgendwie nicht verkraftet. Ich bin fassungslos. Im Bar-Teil des Schrankes steht noch ein Whisky. Ein doppelter soll mich wieder beruhigen und mir klare Gedanken bringen. Sinnierend sitze ich auf dem Sofa und denke über das Geschehene nach. Es erklärt sich doch somit vieles. Die vielen Überstunden, die kurzfristigen Termine, die stundenlangen Telefonate. Ich habe einfach nicht gemerkt, dass wir uns schon so auseinander gelebt hatten. Alles stürzt in sich zusammen. Tränenbäche rennen um die Wette. Ich bin am Boden. Warum nur? Was habe ich falsch gemacht? Wir haben in der letzten Zeit wenig miteinander geredet. Jeder ist durch den Tag gerannt und war am Ende einfach nur erschöpft. Früher, frisch verliebt, war alles anders.

Viele Wochen gehen ins Land. Ich habe mich wieder organisiert hatte. Die Arbeit hält mich am Leben – an meinem jungen Leben, denn ich bin vierundzwanzig Jahre alt. Martin und ich kannten uns seit der Lehre – seit acht Jahren. Wir lernten zusammen und verliebten uns sofort. Er war derjenige, der mir immer wieder Motivation gab, mich nach dem Abitur durch die Lehre und später gemeinsam durch das Studium zu bringen. Viele gemeinsame Stunden haben wir mit Lernen verbracht. Gemeinsam wollten wir etwas erreichen, Karriere machen und eine Familie gründen. Wir hatten mit zwanzig geheiratet und waren in unserer kleinen Zwei-Zimmer-Wohnung glücklich. Nun sollen die glücklichen Tage vorbei sein? Ich sitze mit meinem Teddy vor dem Fernseher und sehe mir einen Rosamunde Pilcher-Film an.

Wieder rollen die Tränen, denn der Held hat neben der Ehefrau noch eine Geliebte.

Die Geburtstagsfeier zu meinem 25. ist sehr schön. Ein Vierteljahrhundert. Meine Freundinnen haben sich im Vorfeld alle Mühe gegeben und ein tolles Programm aufgeführt. Alle Gäste finden es toll. Meine Eltern haben das Catering gesponsert, denn es ist

Tradition bei uns, dass nach einem Vierteljahrhundert gefeiert wird, mit Familie und Freunden. Angeheitert schlendere ich mit meinen Freundinnen in den frühen Morgenstunden nach Hause.

Eine Woche später finde ich im Briefkasten einen Brief von der Hochschule. Darin steht geschrieben, dass die Diplomarbeit und alle noch offenen Prüfungen mit „Nicht Bestanden" bewertet wurden. Aber, so im nächsten Absatz, ich habe noch zwei Semester Zeit, mein Studium erfolgreich abzuschließen.

Der Schock hat mich gezeichnet. Doch nach kurzer Überlegung finde ich, dass die Hochschule Recht hat.

Natürlich telefoniere ich gleich am nächsten Tag mit der mir bekannten Mitarbeiterin. Sie beruhigt mich, aber ermahnt mich zugleich, doch über ein Thema nachzudenken und ihr dann Bescheid zu geben. Und das alles bitte innerhalb von zwei Monaten. Sie will mich unter Druck setzen – so denke ich.

Es ist schon ein herber Schlag für mich, aber ich wollte es – ich wollte dieses Studium, und ich will es abschließen. Egal ob mit Mann oder allein. Nun, jetzt eben allein. Zu viel Zeit und zu viel Geld habe ich bisher investiert um jetzt aufzugeben.

Disziplin beim Studieren – das habe ich gelernt während der letzten Jahre.

So nehme ich mir vor, am Wochenende in mich zu gehen und über die Diplomarbeit nachzudenken.

Ich ziehe meine Lieblingskuschelsocken an und nehme Block und Stift.

Was soll es werden? Klar habe ich Vorstellungen.

Denn es geht ja um meinen Arbeitgeber, um meine Abteilung, die umstrukturiert werden soll.

Mir kommt es in den Sinn, einen Entscheidungsvergleich zu entwerfen. Denn die große Entscheidung in unserer Abteilung ist nach wie vor noch nicht getroffen. So plane ich, die beiden Varianten der Einsparung nach den Kriterien der Kosten- und Leistungsrechnung herunter zu brechen, um so Zahlenmaterial als Entscheidungsmatrix vorzulegen. Aber es muss ein Gliederungsgerüst kreiert werden, um zu einem aussagefähigen Ergebnis zu kommen.

Der Professor will ein Exposé sehen und ich finde mich an den nächsten Wochenenden in der Bibliothek wieder.

Die Entscheidungen in Non-Profit-Unternehmen sind zwar geprägt von der Kosten- und Leistungsrechnung, unterliegen aber auch politischen Entscheidungen. So ist die Darstellung verbunden mit den Hintergründen der bevorstehenden Landkreiswahl und der Tendenz der allgemeinen Entwicklung. quo vadis? ...

Trotz allem versuche ich auf der Grundlage der Bilanzen der vergangenen Jahre eine gewisse Tendenz zu erkennen. Doch bevor ich an die Unterlagen heran komme, ist der Weg gepflastert mit herben Diskussionen seitens der Vorgesetzten. Natürlich sind nicht alle erfreut, dass ich nachfrage und die erste Reaktion ist meistens die Frage „Warum"?

Könne ich mir kein anderes Arbeitsfeld für meine Diplomarbeit suchen? Warum denn ausgerechnet dieser Vergleich? Er würde doch sowieso nichts bringen, da ja die Entscheidungen immer wieder andere treffen, die sich

sicher nicht an meine Entscheidungsmatrix halten würden. Das bringe ja eh
nichts.

Ich höre diese Sätze immer wieder.
Langsam kommt Verzweiflung auf,
weil ich nur gegen Mauern renne und
sich keiner bereit erklärt, mir Zahlenmaterial zur Verfügung zu stellen. Was
soll ich nur machen? Noch einmal will
ich mit meinem Chef, Herrn Bauer reden. Lohnt es sich, diesen Weg wei-
terzugehen? Bei einem gemeinsamen
Kaffee wird mir klar, dass die Entscheidungen von anderen Stellen getroffen werden, mit oder ohne Entscheidungsmatrix. Es werden dabei
andere Ziele verfolgt, die wir als Abteilung nur unterstützen und uns nur als

beratende Mitarbeiter mit einbringen dürfen. Eine schmerzliche Erfahrung. Zumal ich doch schon viel Zeit in meine Arbeit investiert habe. Doch neue Ideen kommen auf.

Wochen später bestellt mich der Dezernent Technik zu sich. Promovierter Ingenieur, ein junger dynamischer Mann, Mitte dreißig, gut aussehend und seit drei Monaten als Dezernent Technik in unserer Stadtverwaltung tätig. Herr Dr.-Ing. Schön. Er erzählt, dass er sich schon lange, beginnend im Studium, mit Prozessabläufen und deren Optimierung beschäftigt. In seinem vorherigen Wirkungsbereich hatte dies zur Folge, dass Prozesse klar und transparent für alle dargestellt wurden, Ressourcen konnten aufgezeigt werden und somit wurden Engpässe vermieden. Er will seine Erfahrungen als Dezernent gerne mit einfließen lassen, da er hier doch einige Ansätze sieht. Am Ende unseres Gespräches fragt er, ob ich denn im Rahmen meiner Diplomarbeit nicht Interesse hätte, mich einzubringen? Er hat gehört, dass es von der Finanzabteilung her wenig Verständnis gibt und es wohl auch nicht weiter sinnig sei, diesen Weg zu verfolgen. Ich bin erst einmal positiv überrumpelt, von dem Vorschlag, vor allem aber davon, von dieser Seite her so viel Verständnis zu bekommen. Trotz innerem Jubelschrei bitte ich mir ein wenig Bedenkzeit aus und wir vereinbaren erneut einen Termin.

Eine Woche später, kurz nach Mittag treffen wir uns. Im Vorfeld habe ich intensiv recherchiert und überlegt, welche Prozesse im Gesamten und im Einzelnen notwendig sind, um am Ende zu einer akzeptablen Lösung zu kommen. Eigentlich ist ja die Informatik nicht so meine starke Seite, aber hier wird es konkret, hier sollen Prozesse dargestellt werden – sowohl verbal als auch grafisch. ERP-Modelle sollen die Abläufe skizzieren. Ich sage beim nächsten Treffen zu. Er bietet mir seine Unterstützung an, sozusagen als betrieblicher Mentor.

Die Zeit vergeht wie im Flug und ich komme gut voran. Die Arbeit macht Spaß und abends habe ich immer noch genügend Zeit, mich mit meiner Diplomarbeit zu beschäftigen. Eines Tages halte ich wieder den Brief von der Hochschule in den Händen und bekomme fast einen Schlag. Ich habe vergessen, den Professor zu benachrichtigen, bei dem ich wegen dem Exposé einst angefragt hatte. Was wird er nur von mir denken? Das schlechte Gewissen macht sich ganz massiv breit und am nächsten Tag versuche ich ihn zu erreichen. Wie ein Wunder geht er ans Telefon und ich berichte umständlich, an welche Grenzen ich gestoßen bin. Er fragt mich sehr diplomatisch, wie ich es mir denn nun weiter vorstelle?

Mir scheint es, als suche er in Gedanken nach einer Alternativlösung und so schießen mir die Worte von der glücklichen Wendung ganz freudig heraus. Sofort erhellt sich hörbar seine Miene und er meint, dass für das neue Thema Professor Meister ein ausgesprochen guter Ansprechpartner sei. Dankbar für diese Empfehlung verabschiede ich mich. Jedoch muss ich ihm versprechen, mich nach Abschluss, spätestens zur Exmatrikulationsfeier bei ihm zu melden. Es interessiert ihn, was denn aus seinen Fernstudenten mal geworden ist und was ihnen das Studium gebracht hat. Ich verspreche es.

Einen Monat später habe ich das neue Exposé erstellt – nach der ungeplanten Vorübung ging dieses doch etwas leichter. Auch habe ich, dank Dr. Schön, eine erste Literaturliste beigefügt. Mit diesen Dokumenten frage ich bei Professor Meister nach, ob er denn dieses Thema betreuen würde und wen er als Zweitprüfer empfehlen könne. Nach drei Tagen ist die Antwort per Mail da. Er stimmt der Grobgliederung zu, würde aber gerne noch zu einem weiteren Aspekt mehr in der Arbeit lesen wollen. Als Zweitprüfer könne er sich Frau Professor Tannenberger gut vorstellen und ich solle mich mit ihr abstimmen.

Ich komme gut voran. Der zeitliche Rahmen ist abgesteckt und die Formalitäten sind besprochen. So stürze ich mich in die Arbeit und komme gut voran. Noch die Zusammenfassung schreiben und übermorgen ist der Termin in der Buchbinderei. Dann ist die Arbeit fertig. Voller Stolz gehe ich zur Post und geben mein Packet ab. Nun heißt es warten. Warten auf den Tag für das Kolloquium und den Abschluss des Studiums. Die Präsentation ist vorbereitet und fast jeden Abend übe ich mich im rhetorischen Perfektionismus.

Mit zittrigen Knien warte ich, dass sie mich in das Zimmer rufen. Ich war vor dreißig Minuten noch so aufgeregt, dass ich fast zitterte. Doch je mehr ich erzählen konnte, desto ruhiger wurde ich. Auch die Fragen waren sehr interessant. Haben sie mir doch gezeigt, wie sehr sich die Professoren mit meinem Thema befasst haben. Mit meiner Diplomarbeit und der anschließenden Präsentation waren auch die Professoren sehr zufrieden. Im abschließenden Gutachten wird beides mit „Sehr gut" bewertet. Ich könne stolz auf mich sein und sie wünschen mir alles Gute und viel Erfolg im Beruf. Wieder einmal rollen Tränen, doch es sind Freudentränen. Ich habe es geschafft!

In fünf Tagen beginnt mein Urlaub. Er ist sozusagen meine eigene Anerkennung für eisernes Durchhalten, konsequente Disziplin und für den sehr guten Abschluss.

Dr. Schön hat mir ein Angebot gemacht, als Assistentin in seinem Bereich tätig zu werden, sozusagen als seine rechte Hand. Seitens der Personalabteilung sei dies schon geregelt. Was kann es schöneres geben?

Es ist Sonntagnachmittag. Der Urlaub rückt näher. Ich trinke gerade Tee und genieße ein Sahnetörtchen mit Erdbeeren – lecker. Es klingelt. Wer wird denn jetzt stören? Etwas verstimmt drücke ich auf den Türöffner und warte, bis der Besucher an der Wohnungstür ist. Ich sehe durch den Spion nur Rosen und öffne die Tür. Martin. Er hält mir die Rosen hin und fragt, ob er denn rein kommen darf. Ich bin ganz aufgeregt und verdutzt, so, dass mir die Worte fehlen. Die Liebe zu ihm ist noch nicht erloschen, auch wenn er mir sehr wehgetan hat. Ein zaghaftes Küsschen auf die Wange und er folgt mir ins Wohnzimmer. Sein junges Fräulein war wohl doch nicht so, wie es sich anfangs darstellte.

Eigentlich konnte ich es nie begreifen, dass es für immer „Aus" sein sollte. Doch zu hoffen, hatte ich auch nicht gewagt. Aber nun bin ich heilfroh, dass alles so gekommen ist, wie es jetzt ist.

Sein junges Fräulein kam mit seiner Art und er mit ihrer nicht zurecht. Dieses ewige Lernen und schreiben, ständig lag in ihrer Wohnung irgendetwas herum. Nie hatte er Zeit für sie. Es gab kaum ein Ausgehen. Doch sie wollte soviel unternehmen. Das war das Aus für die beiden, obwohl es einen Anfang gar nicht so richtig gegeben hatte.

Auch Martin hat sein Studium zu Ende gebracht. Neben der Arbeit im Autohaus und den Ansprüchen der jungen Freundin hat er seine Diplomarbeit meist nachts geschrieben. Es war wohl auch nicht so das Glanzstück, aber er ist am Ende jetzt zufrieden, und vor allem ist er stolz, dass er nicht aufgegeben hat. Im Autohaus haben sich auch neue Wege geöffnet. Er ist seit zwei Monaten Administrator.

Wir verbringen den Urlaub gemeinsam. Es tut uns beiden gut. Am Strand in der Abendsonne halten wir uns fest und geloben, uns nie wieder zu trennen.

„Der Vogel kommt und geht und Schließlich ist sein Nest fertig"

Aschanti[9]

---

[9] Kim 1999: S.77.

Jahre später

Matthias

Nach dem Abschluss hatte Matthias viel zu tun. Die Firma wurde umstrukturiert, nicht nur aufgrund seiner Diplomarbeit. Nach einer Beratung der Geschäftsführung hatte man beschlossen, den Bereich Forschung und Entwicklung als eine gesonderte Firma auszugliedern. Der neue Geschäftsführer ist Matthias.

Die Versuche mit „Robi I" wurden erfolgreich beendet und er konnte in die Produktion gehen. So wie geplant, versorgte er die Bänder zuverlässig mit entsprechenden Materialien. Neue Anfragen für ein Nachfolgeprogramm liegen schon auf dem Schreibtisch. Die Zusammenarbeit mit dem Max-Planck-Institut hat sich weiter vertieft. Auch das Programm „Jugend forscht" läuft weiter. Gerade in Bezug auf die Nachfolgeaufträge ist es notwendig, junge Akademiker zu rekrutieren und zu involvieren. Für die Veröffentlichungen wurde ein junger Wirtschaftsjournalist eingestellt.

Oft denkt Matthias an seinen Alptraum und ist seit dem immer wieder bemüht, Dinge rechtzeitig zu ordnen und auch Aufgaben abzugeben. Regelmäßig beruft er Projektrunden ein, um den Stand der einzelnen Bereiche zu besprechen. Er lebt sozusagen „Transparenz". Es ist ein gutes Miteinander, ein gutes Team.

Er hat nach wie vor einen starken Rückhalt durch seine Familie und setzt Prioritäten. Seine Familie ist ihm wichtig, ebenso seine Freunde, mit denen er sich, jetzt zwar in größeren Abständen, aber doch ab und zu Freitagnachmittag trifft. Seine Kinder sind erwachsen und haben selbst auch studiert. Sein Sohn arbeitet mittlerweile als Entwicklungsingenieur in der Firma.

Ines

Durch den Spagat zwischen Familie und Arbeit ist Ines zu einer selbstbewussten Frau geworden. Die dunklen

Augenringe, die sie während ihrer Diplomarbeit hatte, sind verschwunden. Sie hatte sich mit ihrem Halbtagsjob bewährt und wurde als Produktionsleiterin eingestellt. Mittlerweile wurde eine weitere Produktionslinie aufgebaut, wobei man gerne auf ihre bisherigen Erfahrungen zurückgriff.

Die Direktion hat schließlich sogar angefragt, ob sie mit in der Geschäftsleitung arbeiten wolle, sozusagen im strategischen Bereich.

Evi & Martin
Beide sind seit einigen Wochen glückliche Eltern. Dr. Schön wird Patenonkel werden. Evi und Martin wollen sich den Erziehungsurlaub teilen. Auch an

einen Krippenplatz wurde schon rechtzeitig gedacht. Der öffentliche Dienst hat Evi dabei wohlwollend unterstützt. Als rechte Hand von Dr. Schön arbeitet Evi jetzt im Bereich Facility-Management, ein breites und vielfältiges Aufgabengebiet. Sie fühlt sich gefordert. Die Hochschule hatte sich vor einigen Monaten bei ihr gemeldet und um ein persönliches Gespräch gebeten. Da es ihr während ihrer Schwangerschaft recht gut ging, fuhr sie hin. Der Professor, bei dem sie die Diplomarbeit geschrieben hatte, weckte ihr Interesse für ein Promotionsprogramm. Nach kurzer Bedenkzeit und einem Familienrat willigte sie ein, sich nach der Geburt noch einmal mit ihm zu treffen.

Martin ist als Administrator ein uner-
setzlicher Mann in der Firma geworden. Als Abteilungsleiter mit fünf An-
gestellten hat er fast rund um die Uhr
zu tun. Nicht nur das eigene Netzwerk
und die Verwaltung, sondern auch
Aufträge von anderen Firmen gehören
mittlerweile zu seinem Aufgabengebiet.

Er arbeitet gerne, denn er ist der ge-
borene Informatiker. An den Bücher-
stapeln in seinem Arbeitszimmer hat
sich nicht viel verändert. Nur, dass
nun zusätzlich auch Spielzeug herum
liegt.

Literaturverzeichnis

DeMarco, T.: Der Termin. 1. Auflage. Hanser Verlag, München Wien 1998.

Haese, U.: www.erfolg-mit-Kommunikation.de/index.php/service. 23.August 2012.

Hesse, H.: Jedem Anfang wohnt ein Zauber inne. 1. Auflage. Suhrkamp Verlag, Frankfurt am Main 2002.

Kim, K.: Afrikanische Weisheiten. 1. Auflage. arsEdition, München 1999.

Knobloch, J.; Wöltje, H.: Zeitmanagement. 1. Auflage. Rudolf Haufe Verlag, Freiburg i. Br. 2003.

Minder, M.: www.lebensweisheiten.net/sprichwörter.html. 21.Mai 2013.

Theissen, M.: Wissenschaftliches Arbeiten. 10. Auflage. Verlag Vahlen, München 2000.

Fotografie

Quelle privat

Herstellung und Verlag:
BoD - Books on Demand, Norderstedt
ISBN 978-3-7322-8308-8